# CURÉ DE CAMPAGNE

CHRISTOPHE BAZIN
Avec Charles Rouah

# CURÉ DE CAMPAGNE

Robert Laffont

92, avenue de France 75013 Paris
ISBN 978-2-221-25398-4
Dépôt légal : juin 2021

*Seigneur, c'est toi notre Père. Nous sommes l'argile, c'est toi qui nous façonnes : nous sommes tous l'ouvrage de ta main*[1].

1. Isaïe, chapitre 64, verset 7. Traduction AELF.

# 1

# Au commencement…

En arrivant sur le tournage de *Prêtres Academy*, j'ai tout de suite senti que nous proposions quelque chose de nouveau, d'inattendu, d'utile. Voire de provocant. Loin des idées reçues. Certains nous l'ont d'ailleurs reproché.

Pour mener à bien ce projet, nous avons repris les codes et le style d'une émission bien connue : *Star Academy* – pourquoi faire compliqué quand on peut faire simple ! Trois prêtres partageant leur quotidien, à travers les missions qui leur sont confiées, allaient permettre à tout un chacun d'en mesurer l'ampleur. Et peut-être de mieux les comprendre. Mais attention, nous ne voulions pas tomber du côté obscur de ce genre d'émission et donc éviter à tout prix le voyeurisme.

J'ai face à moi deux « adversaires », mais avant tout deux frères : Franck, séminariste, qui termine ses études de théologie, et Michel, prêtre à la cinquantaine joyeuse, un bon vivant dont la devise est : « Ma vie est comme une autoroute, Dieu m'y conduit tout droit… »

Outre le partage des moments de nos vies de prêtres et de séminariste, nous répondons aux questions qui nous sont posées par notre « confesseur » dans une salle équipée d'un énorme fauteuil que nous avons baptisée le... « confessionnal » ! Les choses sont claires ! Ce dernier porte bien son nom : nous répondons en notre âme et conscience à toutes les questions, aussi intimes soient-elles, notamment celle sur le célibat. Les sujets ne tombent pas du ciel, ils nous sont communiqués à l'avance pour que nous puissions les préparer et fournir des réponses dignes d'intérêt. Je suis alors un jeune prêtre, avec cinq petites années d'expérience derrière moi. C'est le contact avec les jeunes dont j'ai la charge au lycée Pasteur de Besançon qui me pousse à tenter cette expérience. Car je sens bien au plus profond de mon âme qu'il faut s'y prendre autrement pour capter l'attention de la génération des adultes de demain.

Ce jour-là, j'ai donc rendez-vous avec Nicolas Siron, concepteur et réalisateur du projet. Nous avons préparé cet épisode assez rapidement, l'idée étant d'être spontanés, de révéler nos vérités sans artifices, et le plus clairement possible pour bien faire passer le message. Une manière différente de présenter notre foi et notre engagement. L'équipe de tournage est ainsi réduite à sa plus simple expression – Nicolas, caméra à l'épaule ! – afin de nous filmer dans ce qui constitue tous les moments-clés de notre quotidien de prêtres de terrain. Me concernant, l'action démarre à la sortie d'un lycée où je suis en train de discuter avec les jeunes pour les inviter à un rallye. Chaque épisode dure une poignée de minutes, six pour être précis – il s'agit donc de capter l'essentiel en quelques images. Les élèves ne sont pas prévenus, mais agissent le plus naturellement du monde. J'ai toujours eu le sens du contact avec les jeunes, le fait d'être filmé ne change rien à l'affaire. J'ai le sentiment que quelque chose se passe, avec les jeunes, mais aussi avec le projet en tant que tel, même si je ne préjuge absolument pas de l'impact qu'il aura auprès du public.

À la fin du tournage, Nicolas et moi discutons de l'épisode suivant ; quelques échanges suffisent à mettre au point les détails. Cette fois, je pars à la rencontre de personnes handicapées pour prier ensemble. Des moments presque volés, saisis sur le vif, ce qui les rend particulièrement percutants. J'aime la compagnie de ces femmes et de ces hommes chez qui les paroles et les gestes sont sans filtre. Des êtres spontanés, avec qui je me sens bien, en communion. La caméra ne me dérange pas, moi l'ancien grand timide qui ai dû batailler pour surmonter mes inhibitions. Je me prête au jeu sans réserve.

Je suis ensuite filmé pendant mon jogging du matin ; je parle de ma passion pour le sport, le vélo et le ski en particulier. La journée continue, je dois célébrer une messe dans une petite chapelle en compagnie de jeunes de mon diocèse. Là encore, l'esprit évangélique n'est pas altéré par la présence de la caméra. Et puis je sais qu'au montage, les scènes se déroulant au confessionnal me donneront l'occasion de préciser les choses.

La série se termine avec ce qui constitue l'acmé d'un parcours vers la prêtrise : l'ordination de Franck, à laquelle je participe. La boucle est bouclée.

Nous étions alors en 2008. Nous avons tourné ces quatre courts épisodes en quelques jours. On peut les découvrir encore aujourd'hui sur YouTube. C'est peu, mais ils donnent, je crois, une vision d'ensemble de nos fonctions et engagements. D'ailleurs, les choses ne devaient pas être trop mal faites, puisque nous avons eu droit aux honneurs du journal télévisé de Patrick Poivre d'Arvor et à des articles et émissions par centaines : *VSD*, *La Vie*, France Inter... La presse internationale s'y est aussi intéressée. Nous étions contents du résultat, mais pas totalement satisfaits malgré les trois cent cinquante mille vues obtenues en moins de deux mois ! J'avais envie d'en dire plus, mais comment ? J'attendais une occasion. Et puis l'idée de ce livre s'est présentée : il allait me permettre d'aller plus loin, en transmettant ma nouvelle expérience de curé de campagne, après avoir partagé celle d'aumônier des lycées. Je suis prêtre depuis bientôt dix-huit ans, curé depuis six, et à l'aube de la cinquantaine, je me sens tellement béni qu'il me faut communiquer sur ce qui fait le bonheur de ma vie.

Voici l'occasion de m'exprimer sur ce qui constitue le cœur de ma vie de prêtre : annoncer le Dieu de Jésus-Christ. Ces derniers mois, j'ai vécu ainsi de très belles missions dans nos villages. Sonner aux portes, rencontrer les habitants, les écouter, témoigner de ma foi, prier avec eux... Cela me semble aujourd'hui une dimension essentielle de mon ministère, qui est – et sera – de faire découvrir la proximité que Dieu veut partager avec chacun d'entre nous.

J'ai pourtant quelque peu hésité avant de prendre ma décision. Avais-je tant que cela à dire ? Réussirais-je à décrire ce que je ressens, ce que je vis ? Le passage de l'image à l'écrit n'est pas évident. Et puis aurais-je le temps de mener cela à bien ? J'y ai longtemps réfléchi et en ai un peu parlé autour de moi, notamment aux deux prêtres avec lesquels je partage le presbytère de Saint-Sauveur, au cœur de cette Haute-Saône si chère à mon cœur, où j'ai passé une partie de mon enfance et où vivent encore mes parents. Ce qui m'a peut-être fait basculer, c'est le point de vue de mon vicaire général[1], le père Éric, qui s'est montré convaincu et convaincant. Dans mon itinéraire de prêtre, Éric est un grand frère précieux dans le ministère. Il a quelques années de plus que moi puisqu'il vient de fêter ses vingt-cinq ans d'ordination. J'ai été formé dans le même séminaire que lui, je lui ai succédé dans certaines missions, et il a eu soin tout au long des années de m'encourager, de me soutenir, et de me donner des conseils avisés.

Je vais donc vous faire partager mon quotidien de prêtre ; mon engagement au service de tous, à l'écoute

1. C'est le premier interlocuteur de l'évêque. Il participe aux prises de décisions et à leur mise en œuvre.

et au service des jeunes, de ceux que la vie a fragilisés, des malades, des personnes âgées, et de tous ceux qui sont en recherche d'un sens à donner à leur vie. Même à contretemps, évangéliser reste et restera ma mission. Saint Paul ne proclamait-il pas : « Annoncer l'Évangile, ce n'est pas là pour moi un motif de fierté, c'est une nécessité qui s'impose à moi. Malheur à moi si je n'annonçais pas l'Évangile[1] » ? J'entends les esprits chagrins se demander si un prêtre a encore un rôle à jouer dans un monde qui s'est parfois perdu en chemin et où nos contemporains souffrent pour un certain nombre de dérélictions. Pour ma part, je pense que l'Église[2], par l'intermédiaire des prêtres et des chrétiens, peut offrir à notre monde un chemin d'espérance et de bonheur à la suite de Jésus.

Enfin, dans les moments difficiles que traverse l'Église, ce livre me donne aussi l'occasion de parler à cœur ouvert du parcours personnel d'un jeune homme qui décide de devenir un homme d'Église, mettant à nu ses bonheurs et ses joies, ses doutes et ses aspirations. Il raconte aussi la beauté de la foi et répond aux questions fréquentes que l'on me pose sur ma condition de prêtre, la solitude, le célibat. Je suis au service des autres, répondant ainsi au commandement d'amour que Jésus formule à ses disciples lors

1. Première lettre de saint Paul apôtre aux Corinthiens, chapitre 9, verset 16.

2. « Église » avec une majuscule désigne soit la communauté des chrétiens, soit l'Église comme institution. À bien distinguer d'« église » avec une minuscule, qui désigne le bâtiment, le lieu de culte.

du dernier repas en leur compagnie : « Faites cela en mémoire de moi[1]. » Cette mission, tout baptisé est invité à la vivre. Moi, j'ai choisi de le faire en tant que prêtre. En offrant ma vie, je suis comblé !

Ce témoignage n'aura sûrement pas le retentissement de l'œuvre si populaire de Bernanos *Journal d'un curé de campagne*, mais j'espère qu'il permettra au lecteur d'ouvrir en grand les portes d'un monde qui lui donnera foi en l'avenir. Cette foi que je cherche à vous faire partager, simplement. J'en suis à présent convaincu, ce livre représente un beau cadeau : pouvoir prendre le temps de relire ma vie, de découvrir avec vous les joies et les tristesses, les élans et les doutes qui parsèment celle de l'Église et de l'un de ses ministres[2].

---

1. Évangile selon saint Luc, chapitre 22, verset 19. Ces paroles du Christ sont redites chaque jour lorsque le prêtre célèbre la messe.

2. Dans l'Église, ce terme signifie « serviteur de », en latin *minister*. Le ministre est chargé d'une mission confiée par son évêque ou son supérieur.

## 2

## Don Camillo n'existe plus

Don Camillo est une référence que tout le monde a en mémoire. Il représente pour moi aussi l'archétype du curé de campagne à l'ancienne, avec un village, un curé, un maire… J'en ai connu un de cette trempe-là dans le petit village du Jura où est née ma maman. Ce prêtre y a vécu toute sa vie, connaissant toutes les générations, sachant tout des histoires de familles, présent à toutes les fêtes, tous les deuils. Il vivait selon les principes fixés par l'un des textes du concile Vatican II[1], *Sur l'Église dans le monde de ce temps* : « Les joies et les espoirs, les tristesses et les angoisses des hommes de ce temps, des pauvres surtout et de tous ceux qui souffrent sont aussi les joies et les espoirs, les tristesses et les angoisses des disciples du Christ, et il n'est rien de vraiment humain qui ne trouve écho dans leur cœur. »

---

1. Ce concile convoqué par le pape Jean XXIII a eu lieu entre 1962 et 1965. Il a permis une certaine mutation au sein de l'Église, en particulier dans son rapport au monde.

Cette proximité, je m'en rends compte, s'est considérablement et profondément modifiée. Les prêtres de l'Église de France en milieu rural butent tous sur le même écueil. Les territoires se sont étendus, notre emploi du temps, lui, s'est tendu. Pour ce qui me concerne, le village d'antan s'est transformé en un doyenné[1] de soixante-neuf villages, quarante-trois églises, des dizaines de petites chapelles et quarante mille âmes ! J'ai conscience que le défi à relever est immense, aussi je m'y dédie corps et âme en utilisant tous les moyens à ma disposition. Je passe du tableau Excel à ma fidèle Citroën C3 pour travailler avec mes équipes, parcourir le large territoire du doyenné qui s'étire sur cinquante kilomètres de long et trente de large afin de partir à la rencontre de tous les paroissiens.

La déchristianisation française ne date pas d'hier, et je vis dans ce contexte au cœur des paroisses[2] dont j'ai la responsabilité. Le doyenné de Luxeuil-les-Bains en regroupe cinq, comme beaucoup de doyennés de France. Il compte de moins en moins de fidèles pratiquants, mais ceux-ci se montrent à la fois de plus en plus exigeants et de plus en plus profondément enracinés dans leur foi. Moins de chrétiens, mais aussi moins de prêtres. La crise de foi touchant l'individu postmoderne réduit nécessairement l'influence de

1. C'est une partie du territoire d'un diocèse, qui rassemble plusieurs paroisses. Le doyenné de Luxeuil compte cinq paroisses (chacune comprenant entre cinq et vingt villages).

2. Communauté des fidèles sur un territoire administré par un curé qui a la charge d'âme des habitants de ce lieu. Elle est l'entité canonique de base de l'Église, sous l'autorité de l'évêque diocésain.

l'Église, plus faible, avec un effectif ayant fondu comme neige au soleil. Pour assurer la pastorale, le doyenné de Luxeuil compte cinq prêtres, dont trois bénéficient de toute la sagesse que peuvent revendiquer des hommes âgés de plus de soixante-quinze ans.

Pour bien prendre la mesure de la situation, il faut savoir qu'il y a vingt ans, ce secteur comptait seize prêtres. Mariages, baptêmes, confessions, messes, nos missions restent inchangées, mais les demandes de sacrements[1] ont diminué moins vite que le nombre de ministres. Voici encore quelques chiffres pour bien me faire comprendre : à cette époque-là, nous célébrions trois cent quarante baptêmes contre cent cinquante aujourd'hui ; deux cent trente communions contre soixante ; deux cent vingt professions de foi contre… quarante ! Mais plus qu'une certaine surcharge en termes de célébrations, c'est l'éloignement géographique de plus en plus grand avec nos fidèles qui rend notre tâche si compliquée. Et puis, cinq paroisses, c'est cinq fois plus de réunions, de décisions, de conseils…

Une fois le problème constaté, que fait-on ? Les solutions existent-elles ? Oui, mais il nous faudra nous adapter : le curé que je suis, les paroissiens en responsabilité, tous, nous devons oser changer nos habitudes. C'est, il est vrai, déstabilisant, voire déroutant, mais faisons confiance à l'Esprit Saint pour nous

1. Rite chrétien revêtant une dimension sacrée. C'est un cadeau de Dieu donné aux hommes pour les accompagner dans la vie.

guider sur la route vers demain. De mon côté, en échangeant avec d'autres prêtres ou diacres, en travaillant avec le conseil épiscopal[1], en partageant avec les délégués pastoraux, en vivant une expérience avec Anuncio[2], j'ai appris à mesurer le chemin à parcourir pour adapter l'Église à cette nouvelle réalité. Cette vision nécessite des mutations importantes que les paroissiens ne comprennent pas toujours ; les résistancces peuvent être fortes, même si, je le répète, beaucoup continuent à s'engager au service de la communauté. Lors de la visite pastorale de notre archevêque, nous avions entrepris de dénombrer les bénévoles investis dans une mission d'Église, quelle qu'elle soit. Le résultat restait impressionnant, avec quatre cent cinquante bénévoles répartis sur les cinq paroisses – seulement, trois cent cinquante avaient plus de soixante ans !

Elle est donc révolue, l'époque où le curé de campagne saluait chaque jour ses paroissiens, prenait du temps avec tous à la fin de la messe. Où sont passés Don Camillo et son sourire débonnaire, ses gentils coups de colère et, surtout, sa poignée de main aux fidèles ? Ils sont passés par pertes et profits. Il m'arrive encore de saluer à l'entrée ou la sortie de l'église.

---

1. Structure de gouvernement d'un diocèse. Il est composé des plus proches collaborateurs de l'évêque. Il se réunit autour de lui pour donner les impulsions pastorales au diocèse, régler les problèmes, prévoir les nominations de prêtres, les embauches de laïcs, prendre les décisions qui s'imposent pour la bonne gestion financière des affaires du diocèse.

2. Voir chapitre 10.

J'en suis heureux, mais je confesse que cela reste un exercice un peu compliqué pour moi. J'aurais envie de rencontrer les gens un à un, de prendre de leurs nouvelles, mais le temps me manque, sans compter que, sous le porche de l'église, la discrétion est pratiquement impossible. Et puis il suffit que j'oublie de serrer une main pour que cela soit mal interprété. Les paroissiens sont assez réactifs sur ces sujets-là. Je favorise donc plutôt les rencontres en circulant entre les bancs quelques minutes avant le début de la célébration, quand les fidèles sont installés. Cela donne parfois lieu à de magnifiques échanges, notamment avec ceux que je connais moins bien. Ainsi cette femme me confiant son questionnement : comment être grand-mère et transmettre à ses petits-enfants la foi en Jésus-Christ ? Une autre me demandant de prier pour sa fille en instance de divorce. Ou encore ce couple partageant sa joie de fêter ses noces de diamant, après soixante ans de mariage ! Assurément, je ne suis plus aussi proche de mes paroissiens que ne l'était le curé de campagne d'après-guerre. Mais, par petites touches, je signifie cette proximité de Dieu auprès de chacun, dès que cela m'est possible, par une visite, un coup de téléphone, un échange autour d'un café. Dans la prière, j'offre à Dieu la vie, les soucis, les joies des habitants de mes cinq paroisses.

Cela dit, la dernière épreuve à laquelle, comme vous tous, j'ai été confronté nous a soudés comme jamais. Je veux bien sûr parler de l'épidémie de coronavirus. Ma mission m'a semblé encore plus nécessaire :

combattre les inégalités, rester en contact avec les non-connectés, les isolés et offrir un message de réconfort à tous. Célébrer la messe sans le peuple nous a paradoxalement rapprochés. Une communion à distance s'est instaurée. Le monde s'est soudainement trouvé confronté à la douleur, celle de la maladie, de la perte d'un proche. Ce fut brutal, voire très brutal, en particulier lorsque j'accompagnais des familles en deuil. Les assemblées étaient réduites à moins de vingt personnes, masquées, éloignées d'un mètre les unes des autres, n'ayant pas la possibilité de se serrer dans les bras, de toucher le cercueil de leur défunt. Le confinement dans toute sa violence. Cette incapacité à se rapprocher met à l'épreuve notre humanité. Vivre sans lien, sans contact est un supplice. L'homme n'est pas fait pour ça.

Et pourtant, une lumière est parvenue à percer. De manière inattendue, dans notre monde rural, la solitude engendrée par le confinement a révélé un nouvel élan de solidarité. Beaucoup de donneurs de sang n'ont pas manqué le rendez-vous de l'Établissement français du sang à Luxeuil. Les personnes à risques ont très vite trouvé un soutien auprès d'un voisin, qui se chargeait de leurs courses par exemple. Le Secours catholique et les Restos du Cœur se sont associés pour mieux répondre aux besoins des plus démunis. Nombre d'habitants ont ressorti leur machine à coudre pour confectionner des masques et les distribuer autour d'eux. Pour notre part, nous avons aussi mis en place une chaîne de prière – un rendez-vous journalier – et continué ainsi à nous soucier de tous : soignants, malades, entreprises, personnes isolées, familles en deuil, enfants… J'ai eu le sentiment profond de me retrouver au cœur de la condition humaine. Avec une question en tête : quel est le message de Dieu lorsque l'homme se retrouve face à pareille tornade ?

Si je m'écarte aujourd'hui du cliché du curé de campagne à la Don Camillo, c'est pour bien d'autres raisons aussi. Tout m'y oppose, en fait, à commencer par mon parcours. J'ai suivi un cursus universitaire, complété par une école d'ingénieurs. Ce qui ne signifie pas que je suis arrivé au catholicisme par une porte dérobée. Enfant, je ne me suis pas vraiment posé de questions sur ma foi, j'ai été élevé dans la religion catholique, mes parents étaient catholiques engagés et le sont encore. Elle n'a fait que croître au fil de mes expériences et de mes rencontres. Mais il y a eu des étapes décisives.

Le déclencheur, le moment plus fort, c'est au sanctuaire de La Salette dans les Alpes que je l'ai vécu. Là-bas, on prie la Vierge Marie, apparue au cœur du XIX^e^ siècle à deux enfants indigents du village, à qui elle a confié la mission de transmettre son message de conversion au monde. J'avais dix-sept ans, je m'y trouvais avec un groupe de jeunes de mon âge, nous nous apprêtions à franchir une des étapes importantes de notre vie, la confirmation qui allait nous conduire dans la vie chrétienne vers l'adulte autonome. Nous échangions sur la Bible, sur notre parcours, et nous avions aussi accueilli un groupe de personnes en situation de handicap. Certains étaient en fauteuil, d'autres avaient du mal à communiquer. Un jour, au cours d'un repas, alors que les animateurs étaient sortis, je ne sais comment a démarré une bataille d'eau, puis de petits pois. Nos hôtes se sont retrouvés au milieu de ce chahut. Très surpris, sans rien comprendre, ils ont été humiliés, victimes de la bêtise de quelques adolescents immatures. Devant cette injustice – les plus faibles pris pour cibles –, ma timidité maladive s'est envolée. J'ai crié : « Bande de…, comment pouvez-vous vous prétendre chrétiens ! Vous humiliez ces personnes handicapées ! J'éprouve de la honte pour vous ! » Et je suis sorti avec Isabelle, ma voisine en fauteuil roulant. Elle pleurait de tristesse, je pleurais de colère. Parvenu sur le parvis du sanctuaire, je me suis retrouvé face à un paysage de montagne : ciel bleu, verts pâturages, soleil éclatant. Je médite, en poussant Isabelle ; après la colère jaillit en moi cette certitude : « Christophe, il faut faire quelque chose contre ces injustices, pour défendre les petits. Il faut faire quelque chose… Il faut faire quelque chose… » J'entends alors cette voix intérieure : « Christophe, tu deviendras prêtre ! » Cette phrase s'accompagne d'un sentiment profond, immense, de paix, et d'une grande joie qui durera plusieurs semaines. Ce jour-là, je pense avoir fait l'expérience de la rencontre vivifiante de Dieu par son Esprit Saint, l'Esprit de Jésus et de son Père. Toute ma vie sera marquée par cette rencontre-révélation ! Je la dois à

Isabelle et aux autres, je la dois aussi à de jeunes «idiots», je la dois enfin à cette notion de justice qui compte plus que tout à mes yeux. Devenir prêtre pour que la justice de Dieu l'emporte, à l'image du père Denis, mon aumônier de lycée, engagé une bonne partie de sa vie au service des plus petits et plus particulièrement des gens du voyage. Comme le souligne l'un des poèmes de la Bible, le psaume 93 : «Dieu qui fais justice, Seigneur, Dieu qui fais justice, parais! Lève-toi, juge de la terre; aux orgueilleux, rends ce qu'ils méritent.»

Ce jour-là, Dieu a donné du sens à mon existence! Nous étions en 1989, l'année de mon bac. Je pressentais qu'un jour, j'entrerais au séminaire.

Quelques années plus tard, en 1992, j'ai décidé de suivre une formation en alternance pour devenir prêtre, au sein du Groupe de formation universitaire. Il s'agit d'un cursus adapté pour les jeunes se posant la question d'une vocation tout en souhaitant encore poursuivre leurs études. Pendant trois ans, j'ai partagé mon temps entre Belfort, où j'étudiais en semaine, et Lyon et Paris pour parfaire ma formation religieuse durant le week-end. Cela a constitué mes débuts en tant que séminariste. Mais je n'étais pas encore prêt, j'avais besoin de prendre l'air, de vivre une expérience de vie unique. Aussi ai-je accepté de partir en Inde.

Nous sommes le 10 mai 1995, mes études sont tout juste achevées, je m'envole pour Bombay où je vais rester deux ans dans le bidonville de Jeri-Meri. Mon poste se définit ainsi : « animateur socio-éducatif ». Mon contrat : déployer les activités d'associations de développement local, celles de la paroisse et de l'école. Cette destination, je ne l'ai pas réclamée. Je ne pouvais choisir ni le lieu de ma mission ni son contenu. Je suis au service de la Délégation catholique pour la coopération qui m'a embauché. Par quoi suis-je motivé ? L'envie de rencontrer mes semblables, si différents, car c'est ainsi que je fais l'expérience de Dieu. Je pars avec le désir de donner le meilleur de moi-même, en lâchant totalement prise quant à mon avenir. Je pars en chercheur, en aventurier. Je ne serai pas déçu. Je vais vivre une expérience qui va me conduire au bout de moi-même, tant sur le plan physique et humain que spirituel. Un parcours comme un cycle, quatre saisons qui s'enchaînent : je meurs, bourgeonne et reverdis, refleuris et, finalement, produis un fruit. Un accomplissement nourri d'amour. Victor Hugo le disait : « L'amour est un accomplissement. » Je compléterais : l'amour sous toutes ses formes !

Les débuts ne sont pas évidents. Mes habitudes vont devoir mourir de leur belle mort, ma mentalité d'Occidental est soumise à rude épreuve, et comme l'arbre à l'automne perd ses feuilles pour passer l'hiver, je dois accepter de m'oublier, de me noyer, de me perdre dans ce pays si étrange, si étranger. Je suis dérouté par la manière de penser de mes nouveaux voisins. Avec la crainte de ne pas y arriver. L'exemple le plus évident réside dans le constat de mon incapacité à enseigner les mathématiques aux petits élèves de dix ans. Dans une classe bondée, avec mon petit anglais à l'accent français, je n'ai droit qu'aux rires des enfants, complètement dérangés par la vision d'un homme « tout blanc ». Ma bonne volonté ne suffit pas. Mes compétences dans le cadre de l'animation auprès d'enfants et de jeunes non plus. Autre situation à apprivoiser : lâcher les couverts pour apprendre à manger avec les doigts. Ça semble facile de loin, mais c'est un apprentissage décapant. Pour les doigts bien sûr, qui garderont longtemps l'odeur des épices, mais aussi pour l'égalité que cela engendre. Pas de couverts en argent pour exposer la richesse de certains ! J'en garde aujourd'hui une joie réelle à manger avec la main plutôt qu'avec des couverts, en particulier quand je me retrouve dans un restaurant indien.

Et pourtant, après quatre ou cinq mois de découverte, d'adaptation, et même de traversée du désert, dans la moiteur indienne et parfois l'indifférence, voire la moquerie, la sève coule à nouveau dans mes veines. Je renais de mes cendres, car j'étais en lambeaux, réduit en poussière. Je découvre alors de nouvelles facettes de ma personnalité, insoupçonnées. Jusque dans sa dimension spirituelle, ce qui m'étonnera le plus. La phrase de Madeleine Delbrêl prend tout son sens : « Si tu vas au bout du monde, tu trouves la trace de Dieu ; si tu vas au fond de toi, tu trouves Dieu lui-même. » Je me suis libéré en obéissant à un sentiment profondément évangélique, celui du laisser-faire, de l'abandon. J'ai pu ainsi laisser ma place à l'autre, au pauvre, reprenant à mon compte la citation de saint Paul : « Notre Seigneur Jésus-Christ qui pour vous s'est fait pauvre, de riche qu'il était, afin de vous enrichir par sa pauvreté[1]. »

Cet épisode de la coopération m'aura finalement sensibilisé à toutes les pauvretés, les miennes comme celles des autres. Et ce ne fut possible qu'en renonçant à toute maîtrise des événements et en laissant place au Dieu sauveur. Mais le chemin n'a pas été uniquement spirituel, j'ai aussi eu à mon actif quelques belles réalisations concrètes, terriennes, voire terre à terre. Certaines choses m'ont rendu particulièrement fier. La première, je l'ai obtenue avec l'aide d'un groupe de jeunes : organiser la venue d'un opticien pour équiper de lunettes à bas coût ceux qui en avaient besoin. Mais aussi mettre en garde contre les dangers de l'alcool ; œuvrer à la défense des droits des femmes, souvent réduits à peu de chose dans ce pays ; lutter contre le fléau du sida, ravageur dans les années 1990. Et puis j'ai pu découvrir les *basic Christian communities*, les « communautés chrétiennes de base ». Ces dernières rassemblent généralement entre dix et vingt personnes, proches géographiquement. Toutes ne sont pas chrétiennes, ce qui ne les empêche pas de se retrouver pour un temps d'échange et de fraternité. On y partage

1. Deuxième lettre de saint Paul apôtre aux Corinthiens, chapitre 8, verset 9.

ses joies et ses peines, on cherche à s'entraider, éclairé par la parole de Dieu, et, enfin, on prend le temps de la prière. J'ai beaucoup appris de ces rencontres, j'ai vu la solidarité s'exprimer, les soutiens s'organiser, notamment pour accéder à l'eau potable ou aux soins, voire pour se défendre contre la mafia locale… Cette expérience m'aura finalement permis de gagner en assurance et de savoir enfin quelle personne je souhaitais devenir.

À mon retour, en 1997, ma décision est donc prise : je sollicite mon évêque pour entreprendre une formation, continue cette fois, afin de devenir prêtre. Mon désir devient maintenant clair, nous sommes juste après les JMJ[1] de Paris. Toutefois, avant de m'envoyer au séminaire, l'Église veut s'assurer de mon choix, de la qualité de ma réflexion et de mon discernement. En effet, on ne devient pas prêtre comme on devient auto-entrepreneur ! C'est pour accompagner la population d'un diocèse que je prends cette voie, c'est aussi auprès de cette dernière que je m'engage par le biais de mon évêque. Et la formation de sept ans représente une importante somme d'argent, environ vingt mille euros par an, assumés par l'Église ! Celle-ci s'engage avec toi, croit en toi, parie sur toi d'une certaine manière. Avant de me lancer dans la

1. Abréviation pour Journées mondiales de la jeunesse. Ce grand rassemblement voulu par le pape rassemble, tous les deux ou trois ans, des millions de jeunes catholiques pour quinze jours de prière, d'approfondissement de la foi, de découvertes.

formation elle-même, j'ai donc dû suivre une année de propédeutique. J'y retrouve le père Norbert, mon ancien curé de paroisse, qui m'accompagnera avec beaucoup de discernement cette année-là. Elle s'est déroulée à Besançon et m'a permis de découvrir ce qu'est la prière lorsqu'elle est pratiquée régulièrement chaque jour, ainsi que les richesses du diocèse, ma future grande famille. Au cours de cette année, nous apprenons à chanter, à nous familiariser avec la vie qui nous attend, à étudier la Bible, à nous poser les bonnes questions : « Pourquoi devenir prêtre ? Qu'est-ce qui me retient ? Qu'est-ce qui me stimule ? » Cette année consacrée à la recherche de la vérité et de son chemin de vie peut se révéler éprouvante, mais elle est absolument nécessaire. Pour ma part, trois questions majeures se sont imposées. Tout d'abord celle d'entrer en responsabilité dans une institution que je percevais comme statique, laissant peu de place aux jeunes. Puis celle d'être missionnaire en Asie ou bien prêtre en France. Et, enfin, celle du célibat.

L'année terminée, mon intuition s'était confirmée. Les deux prêtres qui m'accompagnaient avec deux laïcs ont donné leur feu vert pour mon entrée au séminaire. L'archevêque en poste à l'époque, Monseigneur Daloz, me propose alors de poursuivre ma formation à Lyon ou à Paris. Je décide de me rendre dans la capitale, parce qu'on y reçoit l'enseignement en milieu ouvert, contrairement à Lyon où tout se passe en circuit fermé, entre séminaristes. À Paris, on partage les cours avec des laïcs qui se forment à la théologie, la philosophie, l'exégèse (études bibliques), entre autres matières. Les cours sont dispensés à l'Institut catholique, au sein de la faculté de théologie. « Passionnantes » est l'adjectif que j'accolerais à mes années d'études. J'ai appris à communiquer au monde le don de Dieu, à poser les bons mots sur les expériences, les épreuves de la vie. Ces années m'ont aussi offert la possibilité d'aborder les questions que se posent nos contemporains, qu'ils soient croyants ou pas, et de leur apporter des réponses simples et intelligibles qui rendent compte de la foi chrétienne. Pour y parvenir, j'ai dû fournir un effort intense : ma formation scientifique ne m'avait pas préparé à des études réunissant philosophie et théologie. Je manquais de culture générale, en fait. Une fois encore, je me suis dépassé et, parfois, résigné, en acceptant mes limites.

Mais la connaissance seule ne suffit pas, il faut aussi faire l'expérience de la prière, encore et toujours. Impossible de parler de Dieu, de vivre Dieu sans cette ferveur-là. D'ailleurs, toute mission d'Église s'enracine dans la prière. Pourquoi est-il nécessaire de la pratiquer à haute fréquence ? Ce n'est qu'ainsi qu'elle déploie toute sa force, irradiant de sa lumière les événements de nos vies. C'est pour cette raison que les retraites en abbaye représentent pour moi des moments précieux, me permettant de ne pas perdre de vue cette dimension essentielle de ma vie de prêtre.

Enfin, le séminaire apprend aussi la vie en communauté. Cette dernière permet de confronter avis, manières de penser et de vivre avec les autres séminaristes, les prêtres et les laïcs qui nous accompagnent. Cela représente une incroyable occasion de mieux éclairer notre chemin et d'aborder notre vocation avec plus de discernement. Je remercie d'ailleurs chacun de ceux qui m'ont apporté leur contribution ecclésiale tout au long de ces cinq années.

C'est le 29 Juin 2003, en la solennité de saints Pierre et Paul, que je suis ordonné prêtre à la cathédrale de Besançon. J'en ai le souvenir d'un grand moment d'intensité, en particulier lors du baiser de paix avec ceux que je reçois alors comme frères : les prêtres et les diacres du diocèse. Ce jour-là, je me suis senti entrer dans la grande famille du clergé. Et puis la fête liturgique a laissé place à la fête humaine, pendant laquelle les membres de ma famille et mes frères du presbyterium ont pu faire plus ample connaissance. Beau moment de rencontres, de grâce. Finalement, il se sera déroulé une quinzaine d'années entre le jour où je me suis senti appelé par le Seigneur et mon entrée comme prêtre dans l'Église. Un long cheminement, c'est beau, non ? Dieu persévère, mais le jeune qui envisage de devenir prêtre aussi ! Les grands choix de la vie ne nécessitent-ils pas de bien y réfléchir et de bien s'y préparer ? Cette préparation n'est-elle pas une manière de se laisser façonner par Dieu ? Cela me fait penser à cette image biblique du potier. Ce dernier représente Dieu, et le vase d'argile, c'est nous. «Oui, comme l'argile est dans la main du potier, ainsi êtes-vous dans ma main, maison d'Israël[1] ! » dit Dieu au prophète Jérémie.

Ensuite, les choses n'ont pas traîné, j'ai tout de suite exercé mon ministère à Besançon – je vais là où l'on me le demande, avec la même envie de me rendre utile. Dans un premier temps, j'y ai officié comme simple aumônier des lycéens. Puis j'ai accumulé les missions, avec la responsabilité de L'Escale – une maison s'adressant aux jeunes, qui a pour but de leur permettre de devenir des chrétiens expérimentés –, puis celle du Service des vocations, où j'étais chargé d'accompagner ceux voulant s'engager dans la prêtrise ou souhaitant devenir religieuses ou religieux. En fait, dès mes débuts en tant qu'aumônier de lycée, la situation n'était déjà plus celle qu'avaient connue mes prédécesseurs. J'étais averti : « Christophe, les choses changent. Avant, un lycée était accompagné par un aumônier-prêtre et une équipe de chrétiens. Nos forces diminuent, les groupes de lycées sont plus faibles, à toi de jouer. Des dix aumôneries en perte de vitesse, crée une nouvelle aumônerie qui fédérera l'ensemble des établissements de la ville de Besançon. Il nous faut mutualiser les forces, rassembler. » Un démarrage sur les chapeaux de roues. En même temps, j'ai pu ainsi immédiatement prendre la mesure des bouleversements en cours – quand un changement est décidé, son application est souvent rapide,

1. Jérémie, chapitre 18, verset 6.

parce qu'il répond généralement à une urgence. C'est une question de survie à moyen terme. Appartenir à l'Église, c'est aussi accepter ces changements.

Après douze années passées auprès des plus jeunes, j'ai répondu à l'appel de mon évêque, Monseigneur Bouilleret, pour devenir prêtre en milieu rural, une mission que j'exerce depuis six ans. Je ne souhaitais pas quitter «mes» jeunes, tant cet engagement me comblait. Les abandonner fut éprouvant, j'ai d'ailleurs versé quelques larmes à la célébration de départ, en juin 2015. Pourquoi alors être parti? Parce que s'agissant de l'Église, ma deuxième famille, je suis toujours disponible pour me rendre là où l'on a besoin de moi. Parce que je savais qu'un successeur prendrait la relève pour avoir soin des jeunes de Besançon. Parce que je fais confiance à mon évêque et à ses conseils bienveillants. Parce que j'aime relever de nouveaux défis et que c'en était un! Et puis, lorsque l'on est ordonné, on prononce un engagement. Lors de la célébration, le futur prêtre se met à genoux et place ses mains jointes entre celles de l'évêque, qui lui pose alors cette question: «Promettez-vous de vivre en communion avec l'évêque de votre diocèse et votre supérieur légitime, dans le respect et l'obéissance?» L'ordinand répond: «Je le promets.» Et l'évêque de poursuivre: «Que Dieu lui-même achève en vous ce qu'Il a commencé.» Au-delà d'un engagement personnel pris envers son évêque, il s'agit d'un accord passé avec l'Église diocésaine de façon plus large. Ce n'est pas rien de promettre la communion dans l'obéissance ! La confiance doit être au niveau du renoncement que cela peut supposer. Aussi lorsque Monseigneur Bouilleret m'a proposé de devenir curé dans le doyenné de Luxeuil, je lui ai fait une totale confiance. N'ai-je pas donné ma vie pour le Christ et le monde ? Le Christ et le monde ne sont-ils pas aussi présents à Luxeuil qu'à Besançon ? Il ne m'est donc pas venu à l'esprit de discuter sa proposition. Et puis, je n'avais jamais été curé, l'expérience me tentait ! Au fond, après ces douze ans passés à Besançon, n'avais-je pas atteint une certaine limite ? Le moment était peut-être venu de passer à autre chose. Les prêtres assurent habituellement des missions de trois ans, six ans, voire neuf ans ; il est rare qu'elles soient renouvelées pour atteindre douze ans. Pourquoi ai-je accepté ces douze années ? Pour une raison simple : parce que j'ai pu sans cesse évoluer, que les missions se sont superposées, enrichies les unes les autres. Je n'ai pas vu le temps passer. Mais je savais que ça ne durerait pas éternellement.

Malgré les quelques pincements au cœur évoqués, j'étais donc ravi, enthousiaste à l'idée de prendre racine quelque part. Je m'attendais à tout, à rien, ne sachant pas trop ce qu'était la mission d'un curé, et encore moins celle d'un curé à la campagne. Ce à quoi je ne m'attendais pas non plus, c'est que ce n'était pas une, mais trois paroisses que l'évêque souhaitait me confier. La tendance à accorder la responsabilité de plusieurs paroisses commençait à se développer dans notre diocèse, mais je pensais qu'on réservait cela aux curés ayant de la bouteille – moi, je débutais ! « Ne t'inquiète pas, tu ne seras pas seul, tu pourras t'appuyer sur le soutien bienveillant de prêtres expérimentés », m'a-t-il expliqué pour me réconforter. Me voilà en partie rassuré. Je fus donc nommé curé de ces paroisses. Il faut préciser aussi que le doyen, s'il est nommé par l'évêque, est avant tout désigné par les prêtres du secteur. Cela lui confère une légitimité qu'il n'aurait pas s'il n'était qu'un simple « parachuté ». Mais les prêtres étant de moins en moins nombreux et le clergé de plus en plus vieillissant, les jeunes se retrouvent parfois à assumer beaucoup de responsabilités. C'est mon cas.

Et comme une surprise peut en cacher une autre, l'évêque m'a aussi proposé de rejoindre le conseil épiscopal. Il souhaitait renouveler son équipe d'une dizaine de personnes, composée à parts égales de laïcs et de prêtres, dont le rôle consiste à l'informer sur le quotidien du diocèse. Cela impliquait un déplacement hebdomadaire à Besançon – cent soixante kilomètres aller-retour pour la journée de travail. Cette fois-ci, je me suis accordé le temps de la réflexion. Je le fais systématiquement quand il s'agit de prendre des décisions importantes et plus compliquées. J'en ai discuté avec mon accompagnateur spirituel[1], que je rencontrais alors une fois par mois. J'ai finalement

1. Personne de confiance choisie, avec laquelle on partage des éléments de sa vie humaine et spirituelle. Elle est un alter ego bienveillant, très utile pour stabiliser sa vie, et bien discerner les choix à faire, selon la volonté de Dieu.

décidé d'accepter, en ayant bien pesé le pour et le contre.

Deux ans plus tard, le curé en charge des deux paroisses voisines des miennes a demandé à être déchargé de sa responsabilité. La fatigue se faisait sentir, il jugeait bon à soixante-douze ans de lever le pied, tout en restant prêtre sur le secteur, mais plus en première ligne. Monseigneur me propose alors de prendre en charge les deux paroisses vacantes. En septembre 2018, je suis ainsi passé aux cinq paroisses dont j'ai la charge aujourd'hui et qui constituent mon doyenné. Avec l'espérance d'être épaulé dans ma lourde tâche d'un plus jeune prêtre.

Quelques mois plus tard, j'ai ainsi eu la joie d'accueillir un jeune vicaire paroissial[1]. Paul, pour ne pas le nommer, était originaire du Vietnam, et grand passionné de notre culture et de notre langue française. J'ai vécu avec lui une belle collaboration dans une grande fraternité et la simplicité. Malheureusement, au cours d'un voyage, alors qu'il rendait visite à sa famille, il a été victime d'un accident vasculaire cérébral. Il en est resté handicapé et n'a pas pu revenir. Le choc a été énorme, humainement d'abord, bien sûr, pratiquement aussi, puisque je me suis retrouvé sans le soutien de ce frère prêtre talentueux et charismatique. Je pense souvent à lui, et la communauté chrétienne prie fréquemment à son intention. Dans ce livre, je tenais à le rendre présent. Aujourd'hui,

1. Prêtre collaborateur du curé sur une paroisse.

c'est le père Jean-Marie, originaire du Haut-Doubs, lui aussi heureux, doué et plein d'enthousiasme pour sa mission, qui assure la fonction de vicaire. Les journalistes, à son ordination, n'ont pu s'empêcher de faire ce jeu de mots : « de l'hôtel à l'autel », pour marquer son passage de l'hôtellerie de luxe à la vie de prêtre adossée à l'autel de nos églises.

Un dernier mot sur ma fonction auprès de l'archevêque[1] comme vicaire épiscopal. Ma mission consiste à intervenir en son nom sur la presque totalité du territoire de la Haute-Saône. Ma présence au conseil épiscopal lui permet de prendre en toute connaissance de cause des décisions adaptées à chaque doyenné, chaque paroisse, dont je connais à présent assez bien les principaux acteurs. Je les rencontre trois ou quatre fois par an, pour un temps de réunion et de prière et un repas. Nous devons faire face à toutes sortes de situations. Certains prêtres expriment parfois l'envie de se rapprocher de leurs parents qui vieillissent ; d'autres sont en conflit – ça arrive ! – entre eux, avec des laïcs, voire avec des maires ; et tous ont besoin de soutien fraternel… La plupart du temps, une bonne écoute permet de trouver une solution paisible. Je reconnais que j'apprécie tout particulièrement ces moments d'échanges et de fraternité, je me sens en famille. Les tensions dégradent toujours la qualité du travail et mon rôle est de favoriser la communion.

1. Évêque qui a le plus souvent la charge de coordonner plusieurs diocèses rassemblés dans une province ecclésiastique.

Malgré cette mission diocésaine qui mobilise un quart de mon temps, je me considère toujours comme un véritable curé de campagne, mais un curé de campagne qui doit constamment jongler avec le temps !

# 3

## Une semaine, c'est court ! Et ça court !

Aujourd'hui, ma vie de curé de campagne ressemble en partie à celle d'un intendant, je dirais plutôt à celle d'un grand ordonnateur, car je dois à la fois organiser la mission de ceux qui m'assistent tout en surveillant la mienne propre pour qu'elle ne se réduise pas à un simple travail de gestion. J'y parviens encore, pour combien de temps ? Résultat, la semaine-type n'existe pas vraiment, il y a certes des choses qui se répètent, mais les jours ne se ressemblent que rarement. Restent certains petits rituels auxquels je tiens par-dessus tout, car ils me permettent de maintenir mon équilibre. À commencer par les levers, toujours entre six heures et demie et sept heures quinze. C'est un peu plus dur en hiver, évidemment ; ici, la température n'hésite pas à descendre sous la barre du zéro. Mais il en faut plus pour me refroidir, je repousse les petites morsures de l'aube d'une pichenette. Je veux m'accorder le temps d'un petit déjeuner et surtout celui de la prière, du bréviaire[1] et de l'oraison[2], particulièrement les jours où je dois célébrer la messe le matin, le plus souvent vers huit heures trente ou neuf heures. Il n'y a donc pas un instant à perdre. La prière est indispensable : elle donnera bon goût à toute ma journée.

Avant d'aller plus loin, j'aimerais préciser qu'en France, les conditions matérielles d'un prêtre sont plutôt bonnes. Et, même si je ne reçois pas un salaire d'ingénieur, je ne manque de rien. Le presbytère dans lequel je loge, situé dans le joli village de Saint-Sauveur, dispose d'un grand jardin. Ce grand bâtiment est composé de quatre salles paroissiales et de trois appartements privatifs à destination des prêtres, le tout réparti sur deux niveaux. J'habite celui du premier étage, très lumineux et qui, comme les deux autres, compte environ quatre-vingts mètres carrés, avec vue sur l'église, sur les arbres fruitiers et sur notre précieux jardin partagé. Un grand séjour, deux chambres, ce qui me permet d'accueillir amis et famille, une buanderie. L'ameublement est simple et fonctionnel, je m'y sens bien. Alors que demander de plus ? Ce fonctionnement nous permet de préserver notre vie privée tout en partageant les joies d'une communauté, un équilibre qui me convient parfaitement. Le quartier où nous vivons est plutôt sympathique ; autour de nous l'église, la rivière du Breuchin, le parc

1. Livre de prières à l'usage des clercs, religieux et religieuses, maintenant utilisé par de nombreux chrétiens. Il rythme la journée.

2. Il s'agit d'une prière silencieuse centrée sur Dieu, le plus souvent personnelle.

pour enfants, l'unique école primaire, et un peu plus loin les boulangeries, le coiffeur, et le petit marché tous les dimanches matin. Nos voisins les plus proches se trouvent à quelques dizaines de mètres. C'est le cas d'un jeune couple dont j'ai célébré le mariage en décembre dernier et à qui je rends visite régulièrement pour partager un moment de convivialité et de prière. Saint-Sauveur, avec ses deux mille habitants, jouxte la petite ville de Luxeuil. Nous sommes au pied du parc naturel des Vosges, à cinquante kilomètres au sud d'Épinal et à l'ouest de Belfort, tandis qu'à quatre-vingts kilomètres au sud se trouve Besançon. Je reconnais qu'arriver dans ce village a été plutôt une joie. Évidemment, cela me change d'une grande ville, mais positivement je suis plus près de mes parents qui habitent à trente kilomètres, à Vesoul. Je profite de la fraternité entre prêtres, d'un bel espace vert, et d'une vie plus proche de la nature. Moi qui déteste les bouchons et le temps perdu, vivre en campagne me va bien.

En revanche, il m'est plus difficile de supporter le manque de moyens humains, qu'il s'agisse de prêtres ou de bénévoles. Ma mission, c'est celle de l'Église ! Elle est si vaste et le temps sur cette terre est si court pour l'accomplir que, même en faisant de mon mieux, j'en conçois parfois une profonde frustration. J'en souffre mais, heureusement, même s'ils ne sont pas aussi nombreux que je le souhaiterais, des prêtres et des chrétiens s'engagent toujours avec moi très généreusement et avec passion. Et puis la prière m'aide à conserver intacte ma foi en l'avenir et à relativiser – je ne suis pas le sauveur de l'Église.

Ces prières ne sont pas toujours solitaires. Le dimanche matin, je prie en compagnie de Pierre et Jean-Marie, mes deux compagnons au presbytère, avant de prendre le petit déjeuner ensemble. Pierre, je ne peux m'empêcher de le dire, est un sage. Un homme de grande culture, qui a enseigné la théologie fondamentale au séminaire. Du haut de ces soixante-seize ans, il garde une belle vitalité intellectuelle et aime se plonger dans les livres. À son arrivée à Saint-Sauveur, après une année de traitement contre une tumeur, j'ai vraiment pu compter sur lui pour prendre du recul sur ce que je vivais. Ses conseils restent précieux et avisés. C'est donc avec Pierre « l'expérimenté » et Jean-Marie « le jeune » que je partage une vie fraternelle, presque communautaire, au presbytère de Saint-Sauveur. Le jeudi, nous nous contentons de prier ensemble l'office des laudes[1], puis j'ai pour habitude de partager le petit déjeuner en paroisse avec quelques fidèles, l'occasion de faire un petit tour de table et de partager des informations, des fragments de nos vies…

Il n'y a que le vendredi que le réveil sonne encore plus tôt, parce que je dois me rendre au conseil de l'évêque à Besançon. Je ne suis certes plus sur le terrain paroissial mais, en même temps, c'est la seule

1. Prière du matin constituée d'une introduction, d'un chant, de la prière des psaumes, d'une parole de Dieu, d'une prière d'intercession, d'un *Notre-Père*, d'une oraison, d'une conclusion.

journée un peu linéaire de ma semaine, la seule à m'offrir un emploi du temps moins éclaté.

Lundi, repos. Ce jour-là, je me lève plus tard et je prends mon temps. Je m'imprègne du calme, indispensable pour me recentrer sur moi-même. En fait, mon repos hebdomadaire commence le dimanche après-midi dès les célébrations terminées, mais il arrive souvent que cette demi-journée soit réduite, quand des imprévus surviennent. Quoi qu'il en soit, une fois libre, je suis toujours détendu, heureux du baptême que je viens de célébrer ou de la messe avec les enfants et les jeunes. Je profite de cette journée et demie pour prendre du temps avec ma famille et pour faire du sport. L'activité physique est importante pour mon équilibre ; il m'arrive de pratiquer en semaine, entre deux rencontres, quand j'en trouve l'occasion. Je vais courir généralement. Au début, les habitants étaient un peu surpris de me croiser en tenue de trailer ou de cycliste. Il est vrai qu'on est toujours étonné quand on surprend une personne publique en train de faire du sport comme tout le monde. Ils ont fini par s'y habituer. À présent, quand ils m'aperçoivent, j'ai le droit à un simple petit signe de la main. Et puis mon activité sportive présente un avantage : elle me permet de maintenir une proximité avec la population de mon doyenné. Tout comme rencontrer mes paroissiens quand je fais mes courses ou quand je me rends au cinéma. Ma vie est la même que la leur, ils s'en rendent compte en me croisant dans les différentes activités du quotidien.

Il est clair que le fait de rencontrer beaucoup de monde m'oblige à fixer des limites. Je suis très attendu et donc très sollicité. Dans ces circonstances, des discussions s'engagent systématiquement, elles peuvent m'accaparer et me retenir plus que de raison; j'ai dû apprendre à y mettre un terme, avec diplomatie évidemment. C'est pour toutes ces raisons que le dimanche après-midi et le lundi, je suis à la recherche de solitude, d'une profonde solitude parfois. Pour me ressourcer, j'ai besoin de silence. Pour autant, ce besoin ne signifie pas que je me transforme en un ermite, un reclus. Il est des lundis où je retrouve une petite équipe de trois ou quatre frères prêtres afin de vivre un moment convivial d'échange, de prière, le plus souvent autour d'un bon repas. Il peut aussi m'arriver de partager ma passion du sport avec quelques-uns; je le fais alors par choix, jamais pour me plier à une quelconque obligation ou une bienséance de circonstance. Ce n'est pas dans mon tempérament que d'agir dans la tiédeur, je suis quelqu'un d'entier, de sincère, avec moi-même et avec les autres. Ainsi, quand je décide d'aller faire du vélo, par exemple, je peux me dire : « Tiens, pourquoi pas à plusieurs ? » Et j'appelle alors deux ou trois paroissiens pour leur proposer de m'accompagner; ce sont des amoureux de la petite reine, qui aiment tailler la route comme moi, et avec moi. J'y vois l'occasion de passer un agréable moment ensemble.

J'éprouve alors le plaisir de partager l'effort avec d'autres cyclistes et aussi d'établir un échange différent avec mes paroissiens. Ensemble, nous nous « coulons » dans la nature, comme je me plais à le dire.

Cela fait maintenant une quinzaine d'années que je me suis mis au vélo de route, poussé par quelques jeunes souhaitant associer deux-roues, solidarité et spiritualité. Avec eux, dans le cadre de l'association Roulons pour l'espoir, j'ai ainsi pu vivre quelques magnifiques pèlerinages au profit des enfants malades de l'hôpital Minjoz. Très belle expérience !

Aujourd'hui, j'aime tout particulièrement rejoindre la vallée du Breuchin où se trouvent des lieux habités par l'esprit des moines qui y ont défilé : à la chapelle d'Annegray, notamment, à proximité du hameau de Voivre. C'est là que fut érigé le premier monastère de notre Irlandais régional, saint Colomban. C'est en effet dans les Vosges saônoises que ce moine et ses compagnons se sont installés au VI<sup>e</sup> siècle pour évangéliser les campagnes. Il fut le premier à écrire sur l'Europe, la considérant comme une communauté de peuples et non comme un territoire. Il sera ainsi appelé par certains le « père de l'Europe ».

Mais encore un effort ! Après six cents mètres d'une montée pour mollets d'acier, je rejoins la chapelle de Saint-Martin et son promontoire. Un poste d'observation exceptionnel avec vue à cent quatre-vingts degrés sur la vallée. Le moment de se recueillir, de contempler notre sœur nature ou de lire les auteurs que j'apprécie, le bienheureux Charles de Foucauld ou sainte Thérèse de Lisieux. Ça fait du bien !

La visite ne serait pas complète sans parler d'un lieu que j'affectionne tout particulièrement, un lieu unique : la chapelle Notre-Dame-de-Beauregard, nichée dans la commune de La Montagne. Elle fut bâtie en 1884 par un fermier qui s'était perdu dans les neiges et qui avait miraculeusement retrouvé son chemin après avoir adressé une prière à la Sainte Vierge. L'homme, reconnaissant, a fait construire la chapelle à l'endroit même où il s'était égaré. Notre région est riche en légendes. Marcel Aymé s'en est beaucoup inspiré. L'une d'elles raconte que si une pierre de la chapelle Beauregard bouge sous les pieds d'une jeune fille, celle-ci se mariera l'année suivante.

Quand je suis arrivé à Saint-Sauveur, je cherchais à nouer des contacts le plus rapidement possible, à faciliter le rapprochement avec mes paroissiens. Pour cela, j'ai pu en inviter quelques-uns à venir dîner à la maison. Non pas pour leur offrir un repas gastronomique, mais tout simplement pour passer une bonne soirée ensemble ! Aujourd'hui ce genre d'occasions se présente un peu moins souvent. Très vite, en fait, j'ai manqué de temps pour recevoir à domicile. À présent, c'est à leur tour de m'inviter chez eux ! Beaucoup se prêtent au jeu et cela me convient tout autant. Quel meilleur moyen pour apprendre à se connaître que de se réunir autour d'un repas ? On peut ainsi échanger de manière plus détendue. C'est dans ces occasions-là que se tissent les liens les plus forts entre nous. Je découvre la famille au grand complet, les enfants courent, viennent me parler ; les adultes me font découvrir le monde professionnel dans lequel ils évoluent. Je suis parfois le témoin des joies de tout un chacun : l'annonce d'un mariage ou d'un enfant à venir, le plaisir de bientôt recevoir ses petits-enfants... Certains me confient aussi leurs blessures non cicatrisées, la disparition d'un parent, une maladie. À la fin du repas, je prends toujours le temps de prier pour ceux qui se trouvent rassemblés, l'occasion pour moi de bénir cette famille, de rendre grâce à Dieu.

# 4

## Une organisation à toute épreuve

Ma journée-type, la voici, pour l'essentiel : lever, petit déjeuner, prière, rencontres, prière du midi, repas, repos, rencontres, réunion, repas du soir, réunion, lecture et complies[1]. Il manque les détails et l'on sait ce qui se cache dans les détails ! Le « détail » essentiel, si je puis dire, c'est bien sûr, avant tout, la messe quotidienne. Quand elle se déroule le matin, elle est le moteur de ma journée. Quand elle se tient le soir, elle constitue une offrande aux nombreuses rencontres du jour. Toujours, elle est une célébration du mystère de la vie donnée de Jésus. Une semaine ne serait pas complète sans ces moments forts, ceux au cours desquels nous nous retrouvons, prêtre et paroissiens, pour nous consacrer à la prière. Une mission qui nous importe plus que tout, mais qui réclame une organisation à toute épreuve, en particulier au moment de choisir le village dans lequel nous allons célébrer la messe du week-end.

1. Prière qui précède le coucher ; c'est le dernier office de la journée.

En semaine, les célébrations ne sont pas toutes programmées entre huit heures et demie et neuf heures. Certains jours, j'officie vers dix-sept heures, parce que je dois me déplacer dans une église éloignée de Saint-Sauveur ou que les fidèles plus âgés peuvent se rendre disponibles à ce moment-là de la journée. Le vendredi, comme je passe ma journée à Besançon avec l'archevêque, je célèbre la messe sur place, avec lui et les membres du conseil. Mis à part ce jour-là, les célébrations de l'eucharistie ne se déroulent jamais au même endroit. J'ai la charge d'une petite cinquantaine d'églises, j'essaie donc de varier les lieux de célébration, sans toutefois parvenir à me rendre partout. Alors, je répartis la tâche. En tant que curé, c'est moi qui ai la responsabilité du planning des messes, mais avec les paroissiens, c'est ensemble que nous le validons. Nous sommes cinq prêtres en tout sur le doyenné, pour autant de paroisses. Mis à part Jean-Marie L. et moi-même qui n'avons pas encore soufflé nos cinquante bougies, la moyenne d'âge tourne autour de soixante-quinze ans, avec toutefois une vitalité qui fait plaisir à voir. Malgré cela, la charge ne peut pas être la même pour tout le monde. Nous sommes donc trois à résider à Saint-Sauveur, tandis que Jean-Marie C. vit au presbytère de la capitale de la cerise – et du kirsch ! –, à Fougerolles, et Bernard dans la grande abbaye fondée par saint Colomban à Luxeuil. Grâce à ce personnage charismatique, cette dernière fut un temps le plus grand monastère de l'Occident, où était appliquée une règle très dure.

Aujourd'hui encore, le patrimoine religieux de la ville, sa basilique, son Ecclesia (musée du haut Moyen Âge) et ses sites monastiques attirent nombre de curieux, des chercheurs de Dieu, des passionnés d'histoire.

Les cinq prêtres du doyenné forment un bon groupe, une équipe soudée ; nous nous soutenons dans l'effort et parfois dans l'adversité. Je tiens beaucoup à cette fraternité entre prêtres, elle constitue l'une des clés de voûte de notre équilibre (et donc du mien). Je crois que rien ne serait possible si elle n'existait pas. Deux fois par semaine, avant l'épisode Covid, nous déjeunions ensemble à l'abbaye. Nous avons la chance d'avoir à notre disposition un espace en retrait du grand réfectoire où déjeunent les élèves du collège, nous permettant de prier l'office du milieu du jour[1] sans être dérangés et sans déranger personne. Ces repas sont précieux. Ils nous permettent de vivre des moments presque familiaux. Nous y partageons nos petits soucis, de santé ou autres. Je peux aussi recueillir l'expérience des plus anciens d'entre nous, ce qui m'a été particulièrement précieux à mon arrivée à Luxeuil en 2015. Lorsque j'ai débarqué en tant que curé, j'avais moins d'expérience que les prêtres qui se trouvaient et qui se trouvent encore avec moi sur le terrain. Certains d'entre eux ont derrière eux quarante ou cinquante années d'exercice. J'avais besoin de leurs conseils et de leur soutien, de leur bienveillance.

1. Un des multiples temps de prière que vivent les moines chaque jour. Cet office du milieu du jour est court, avec un hymne, les psaumes, une parole de Dieu.

Je continue de les apprécier. C'est aussi au cours de ces repas que nous pouvons réfléchir aux changements qui pourraient nous permettre de toujours mieux vivre notre mission.

Du fait de l'éclatement géographique des villages et de la quantité de tâches que nous devons accomplir, je dois tenir à jour un planning sur mon ordinateur en prenant en compte les demandes ou les empêchements des uns et des autres. Un travail de directeur des ressources humaines en quelque sorte ! C'est mon côté 3.0. Ce planning est à présent aussi disponible sur le site du doyenné, où il est partagé numériquement. Ce bel outil est utile à chacun de ceux qui ont des responsabilités : on y retrouve l'ensemble des cérémonies – mariages, baptêmes, messes…

Pour cette raison, lorsque l'on m'interroge sur ma fonction, je peux certes continuer à me définir comme un curé de campagne, mais j'ajoute aussitôt être aussi un coordinateur d'actions, sans cesse dans la collaboration, le travail partagé. Un bref état des lieux suffit à comprendre pourquoi. Je dois couvrir un territoire de mille cinq cents kilomètres carrés, soit presque un cinquième de la Haute-Saône. Je ne vois pas comment je pourrais agir différemment. Je savais que la charge serait lourde en étant le seul curé, et je l'assume dans la joie, car j'y vois avant tout une chance ou, pour paraphraser Winston Churchill, je considère chaque obstacle comme une opportunité. La difficulté ne m'a jamais fait reculer. J'ai dû cependant décider de délaisser certaines missions pour mieux me consacrer à d'autres. Bien sûr, cela constitue un renoncement, mais c'est avant tout du pragmatisme. Cinq prêtres ne peuvent pas tout dans un doyenné comme le nôtre. Ils peuvent humblement faire de leur mieux, avec le soutien des bénévoles. Une bonne organisation, une bonne collaboration avec les laïcs, un même élan entre prêtres, la foi en Jésus, voilà des clés pour bien vivre notre mission.

Je vais illustrer mes propos en prenant un exemple que j'aimerais pouvoir appliquer dans toutes les occasions. Nous devons marier vingt-deux couples dans les mois qui viennent, sur l'ensemble du doyenné. Je dois donc organiser la répartition des cérémonies entre nous. Pour accomplir la préparation des célébrations dans les meilleures conditions, j'ai adressé un Doodle aux couples concernés afin de connaître leurs disponibilités et leur demander de choisir deux dates qui pourraient leur convenir. Je peux ensuite inscrire ces rendez-vous dans mon agenda de l'année. Malheureusement, tout n'est pas aussi simple, je peux difficilement imaginer une telle organisation pour les enterrements, évidemment ! Et puis cette solution n'est adaptée qu'aux plus jeunes de mes paroissiens. L'ancienne génération est moins équipée, et peut être déstabilisée par les outils numériques. Quoique ! Lors du confinement, j'ai eu la bonne surprise de voir bien de ces paroissiens rejoindre notre chaîne YouTube pour suivre les messes, ou encore surfer sur le site Internet de la paroisse. S'ils s'accrochent parfois au passé, c'est plus parce qu'il leur est difficile de changer d'habitudes que par mauvaise volonté. Heureusement, petit à petit, les choses évoluent, les mentalités s'assouplissent et pas à pas nous avançons pour le bien de tous.

Pour me seconder dans ma tâche, le père Jean-Marie L., comme vicaire, m'assiste pleinement dans la pastorale. Il participe activement aux prises de décisions avec nos équipes de laïcs, appelées « équipes de coordination pastorale[1] ». Les choses sont différentes pour les prêtres plus âgés qui se mettent humblement « au service ». Ils agissent ponctuellement et sans prendre vraiment d'initiatives. Je peux aussi compter sur un diacre permanent. Les gens connaissent souvent mal sa mission, c'est pourtant un ministre à part entière dans l'Église. À la différence du prêtre, il est généralement marié, a fondé une famille et travaille. Il est nommé par l'évêque qui l'a distingué du fait de son engagement en tant que chrétien et lui confie une tâche spécifique : se mettre au service des autres dans le monde du travail, de la famille, comme l'a fait le Christ ; célébrer certains sacrements, comme les mariages et les baptêmes mais aussi les funérailles ; participer d'une manière particulière à la messe en soutenant l'action du prêtre. Il s'agit donc d'un homme ordonné[2] qui, tout en venant de la société civile, représente l'Église. La fonction de diacre n'est

1. Ou ECP : équipe de chrétiens qui, avec le curé et le vicaire, conduit la paroisse.

2. L'ordination est la célébration par laquelle un chrétien devient clerc dans l'Église catholique (diacre, prêtre, évêque).

pas récente, on trouve déjà sa présence dans la Bible. En fait, le diaconat a prospéré jusqu'au Ve siècle, avant d'être abandonné ou, plutôt, partiellement mis à l'écart. Il a finalement été réintroduit grâce au concile Vatican II, en 1962, sous l'égide du pape Jean XXIII. Employé par une importante entreprise de sous-traitance automobile, le diacre de notre doyenné se déplace fréquemment à l'étranger, ce qui le rend moins disponible. Sa vie de famille constitue une vraie chance pour la paroisse ; elle enrichit notre réflexion, en particulier quand son épouse s'associe aux discussions. Espérons que d'autres entendent l'appel de l'Église et viennent nous enrichir à leur tour. Car devenir diacre, c'est avant tout répondre à l'appel de l'Église et non se proposer comme candidat. Par exemple en 2020, nous avons interrogé dans notre doyenné quelques hommes qui nous semblaient avoir les qualités pour devenir diacres. Ils n'avaient rien demandé quand, au nom de l'Église, nous leur avons posé la question : « Que penseriez-vous de réfléchir à la possibilité de cheminer vers le diaconat ? L'Église vous interpelle. » Pour ceux qui acceptent d'entrer dans cette démarche, un temps de réflexion, de discernement et de formation débute pour six années.

Le prêtre et le diacre sont bien deux personnages complémentaires dans la vie de l'Église. Le diacre est un serviteur comme l'était Jésus, comme je le suis moi-même, mais la mission qui m'a été confiée en tant que prêtre est plus large, plus globale. Ma fonction comporte en effet ceci de spécifique qu'elle signifie aussi le Christ-tête, c'est-à-dire celui qui conduit son troupeau. C'est même le cœur de ma fonction de curé. Toutefois, la vie de l'un et de l'autre, comme de tout baptisé, est faite pour célébrer Jésus, annoncer Jésus et servir comme Jésus, trois verbes qui résument la mission de tout chrétien.

Célébrer Jésus, chacun peut, je pense, imaginer de quoi il retourne. C'est ce que la messe, le baptême, le mariage, le sacrement des malades, le sacrement du pardon, et tous les temps de prière nous permettent de partager avec nos fidèles. Annoncer Jésus passe essentiellement par une catéchèse destinée aux enfants, les enseignements pour adultes (conférences), ou par les parcours pour adultes. Dans notre diocèse, nous en proposons un baptisé Théofil pour découvrir la foi chrétienne. Plusieurs thèmes sont abordés : « Bible découverte », « Qui est Jésus ? », « L'Église, c'est quoi ? », « Apprendre à prier », « Les grands maîtres spirituels », « La foi des chrétiens »... Nous ne manquons pas d'idées. Mais je constate que beaucoup de chrétiens annoncent Jésus spontanément, sans s'en rendre compte, avec de simples paroles justes, des actes bons, un témoignage de foi. Servir enfin s'inspire des actions que pouvait mener Jésus, en accompagnant notamment les plus fragiles, comme il a pu le faire avec la femme adultère[1] : « Moi non

1. Ce passage dans l'Évangile de Jean, chapitre 8, versets 1 à 11, décrit la rencontre entre Jésus et cette femme et souligne trois éléments essentiels : oui, cette femme a péché, mais elle peut changer ; non, Jésus ne souhaite pas que nous devenions des juges (comme semblaient l'être

plus, je ne te condamne pas. Va, et désormais ne pèche plus.» Il nous a montré l'exemple, nous a donné une leçon de bienveillance pour que nous ne laissions personne sur le bord de la route, rejeté par la collectivité. C'est le sens de notre action : le respect mutuel et l'engagement envers nos frères, en toutes circonstances, en libérant le pécheur de sa faute.

Enfin, pour conduire chaque paroisse, je peux aussi compter sur une équipe de coordination composée de six paroissiens. Je rencontre ces cinq équipes à un rythme mensuel. Impossible d'avancer sans leur aide, ce sont mes antennes, celles qui me font remonter les joies et les difficultés du terrain, celles qui mettent en œuvre les décisions adoptées ensemble, en particulier celles qui fixent les grandes orientations de chacune des paroisses. Elles assument cette belle responsabilité en s'engageant pour un mandat de trois ans renouvelables. La parité est loin d'être au rendez-vous, puisque les équipes sont majoritairement composées de femmes ! Les hommes sont plus discrets et ne se trouvent que rarement en responsabilité dans un service de l'Église. Sauf, curieusement, dans les conseils économiques et au sein des équipes chargées de l'entretien et de la rénovation des édifices. Dans chacune de ces équipes, une personne tient un rôle plus particulier : le délégué pastoral, enfin devrais-je dire la déléguée pastorale,

---

les pharisiens) ; oui, Jésus pose un regard bienveillant sur cette femme, mais il l'invite à changer de vie.

puisqu'il n'y a pas d'homme non plus à ce poste dans notre doyenné. Elles sont donc cinq et je leur ai trouvé un surnom cette année : « les précieuses », car elles le sont vraiment. Nous nous retrouvons toutes les semaines, ce sont en quelque sorte mes adjointes, mes bras droits dans chacune des paroisses. Elles sont d'éclatantes figures de foi, des personnalités pétries de charité, de foi et d'espérance.

Conduire la communauté paroissiale est donc une mission commune ! C'est pour cette raison que de plus en plus de curés reçoivent des cours de management, pour mieux gérer leurs équipes, vivre sereinement les conflits, organiser l'emploi du temps... Une formation que n'a pas eu besoin de suivre Jésus, expert en relations humaines ! Il n'a cessé d'appeler ses disciples à le soutenir dans sa mission.

Les temps changent pour nous aussi, nous devons apprendre à déléguer bien des tâches et à être de plus en plus polyvalents.

# 5

## Un homme à tout faire

Après avoir célébré la messe, je prends généralement ma voiture pour accomplir des tâches tout à fait différentes et bien loin a priori de celles d'un curé, du moins telles qu'on se les imagine. La voiture est en quelque sorte devenue le bâton du pèlerin et la chapelle ambulante du curé des temps modernes. À ce moment-là de ma journée, j'ai enfilé le costume de celui que j'appelle un « intendant ». Il est dix heures et je peux dire que ma deuxième journée de travail commence. Avant de me lancer sur les routes, il m'arrive de repasser chez moi pour expédier quelques menus problèmes, qui peuvent se résoudre par téléphone ou par messagerie. Le plus souvent, je pars directement sillonner mon doyenné. Un matin, par exemple, je peux être amené à me rendre dans un village où je retrouve mon équipe locale, tout particulièrement la déléguée pastorale de la paroisse. Ensemble, nous prions, nous rendons grâce pour le travail accompli, nous passons en revue les questions du jour et les éventuelles difficultés à régler. Nous évoquons notre journal du doyenné, *Chroniques*, la question de la vente des œufs de Pâques, le renouvellement de notre équipe de catéchèse, le choix d'un bénévole pour des funérailles... Nous réfléchissons à ceux que nous pourrions appeler pour devenir sacristains ou à ceux à envoyer en formation Théofil. Mille sujets. Ces temps-ci, nous parlons de la gestion de l'après-confinement ou de la meilleure manière de mettre en œuvre les décisions du synode[1] diocésain. Toutes ces réflexions augurent souvent des décisions importantes pour les paroisses.

Plus prosaïquement, nous devons parfois régler une infiltration d'eau dans une église ou encore discuter de la remise en état du chemin de croix. Dans ces cas-là, nous avertissons le maire afin qu'il nous accompagne pour la visite des lieux. Les églises, tout le monde ne le sait pas, appartiennent le plus souvent aux communes, qui assurent l'entretien de l'édifice lui-même et des meubles le garnissant, conformément à la loi de 1905. Le reste, le mobilier plus récent, constitue souvent notre propriété. Face aux maires, le curé-intendant, s'il ne délègue pas cette action, devient diplomate pour que les choses se déroulent en bonne intelligence. Le sujet de l'entretien des églises

1. Du grec *synodos*, qui veut dire « marcher ensemble ». Dans l'Église, un synode peut avoir lieu dans un diocèse, convoqué par l'évêque. L'objectif est de faire travailler ensemble des chrétiens en grand nombre, pour les consulter sur un sujet donné. Il permet de construire des décisions consensuelles, et d'ainsi avancer dans la communion. Il existe aussi des synodes par continent ou mondiaux, convoqués par le pape.

nous rapproche de la réalité des communes même si, parfois, la question financière et le manque de moyens créent quelques tensions entre nous. Avec le conseil économique, nous agissons en fait à la manière de lanceurs d'alertes, les maires ne sachant pas toujours ce qui se passe et ce qui se dégrade dans une église. Nous sommes les utilisateurs ordinaires de cette dernière, ses affectataires perpétuels. Nos alertes se contentent modestement de proposer que les ampoules à filament soient remplacées par des LED, de signaler une fuite apparue suite à un coup de vent ou encore de demander des travaux de rénovation devenus nécessaires, pour le chauffage ou la peinture, par exemple. Dans ce dernier cas, je consulte le conseil économique de la paroisse – la couleur des murs nous importe, elle embellira notre quotidien. Comme nous ne sommes pas des spécialistes du bâtiment, nous avons à notre disposition la commission d'art sacré du diocèse pour nous assister, notamment un architecte qui connaît par cœur la loi de séparation des Églises et de l'État et qui nous conseille donc de manière parfaitement avisée. Avec lui, nous pouvons aussi être amenés à revoir certains aménagements qui ne sont plus adaptés, comme le remplacement d'une estrade ou la création d'un nouvel autel.

Nos décisions ne se prennent pas uniquement sur des critères de vétusté. Je veille avant tout à ce que nos choix soient cohérents avec les consignes transmises par notre évêque lors du dernier synode, lequel nous indique les priorités. Cette année, je dois ainsi privilégier certaines églises – au détriment d'autres, forcément –, celles qui sont destinées à accueillir les grandes célébrations. Là encore, le principe de mutualisation s'impose, en s'appuyant sur des critères comme l'accessibilité, la localisation, le but étant de proposer des lieux clairement identifiés et d'associer à chacun d'eux un calendrier bien précis. L'idéal serait de pouvoir aboutir à une formule simple et bien lisible par tous : dans chaque paroisse, une messe le dimanche, toujours au même endroit et à la même heure. Mais l'idéal pragmatique n'est pas toujours le meilleur, et il est plus pertinent de maintenir quelques offices dans les autres églises, afin de ne pas défavoriser ceux qui sont éloignés de l'église dite « majeure ». Ces églises majeures, une ou deux par paroisse, sont aussi appelées « églises-phares[1] ». Le doyenné abrite aujourd'hui quarante-trois lieux de culte – combien bénéficieront de notre programme, je n'en sais rien. Ceux auxquels nous ne pourrons pas accorder ce statut resteront probablement des endroits de prière pour tout un chacun, des lieux de recueillement qu'il nous faudra malgré tout entretenir. Nous continuerons d'y assurer les funérailles, en particulier, pour le bien-être des familles qui souhaitent inhumer leur défunt dans l'église du village. Les mariages aussi pourront y être célébrés, dans un cadre plus intime que celui des grandes églises. En revanche, les messes et les baptêmes se

1. Titre du décret 9 du synode du diocèse de Besançon 2019, qui redit l'importance de pouvoir identifier une ou des églises-phares, lieux de célébrations majeures d'une paroisse.

dérouleront exclusivement dans les églises-phares que nous aurons retenues. Pourquoi les baptêmes ? Parce qu'ils débutent le plus souvent dans le temps de l'envoi à la messe. C'est le premier mouvement vers la communauté. Le jour de la célébration de l'eucharistie – c'est-à-dire la messe –, la communauté est réunie, c'est donc le moment de souhaiter la bienvenue à ceux qui la rejoignent.

On le voit, nous devons faire face à toutes sortes de situations, des sujets de patrimoine, de pastorale, de relations humaines, des choix financiers... Je peux ainsi être amené à régler des problèmes très terre à terre, mais tout aussi vitaux pour le doyenné. Je pense à un appartement qui nous appartient et qui est resté vide pendant très longtemps. C'était devenu problématique, car nous devons faire face à une situation financière pour le moins délicate dans l'une de nos paroisses. Avec le conseil économique, nous avons réfléchi et finalement décidé de mettre le bien sur le marché locatif. À la manière de bons pères de famille, nous faisons le maximum pour augmenter les recettes et réduire les dépenses. L'annonce passée sur Le Bon Coin a été efficace rapidement, une famille monoparentale y vit à présent. Le quotidien d'un curé n'est donc pas de tout repos, mais il constitue une véritable aventure, pleine de surprises et de défis quotidiens. C'est pour cette raison que j'apprécie tout particulièrement certains moments de respiration, comme les déjeuners que je partage deux fois par semaine, à l'abbaye de Luxeuil, avec les autres prêtres du doyenné.

Mais l'homme à tout faire que je suis est aussi un homme qui reçoit beaucoup, il faut le souligner. Comment ne pas parler de l'immense bienveillance des paroissiens ? Beaucoup manifestent des gestes attentionnés à notre égard. Régulièrement nous avons la joie d'aller dîner chez l'un ou chez l'autre. Il m'arrive parfois de rentrer avec un doggy bag, une soupe ou, récemment, une bouteille de whisky ! Les paroissiens ont vraiment un cœur en or. Ce sont des moments de gratuité dans l'échange, de fraternité. Chaque semaine, d'autres nous déposent quelques légumes, quelques fruits, des œufs, de la salade, un gâteau… Nous sommes gâtés ! Ce sont aussi des marques d'affection que nous recevons de leur part, des mots d'encouragement, des remerciements. Et pour certains d'entre eux, nous répondons à une autre demande : célébrer la messe à leur domicile. Donner, recevoir.

# 6

# La messe chez l'habitant

Habituellement, un prêtre célèbre la messe tous les jours et pas simplement le week-end. C'est mon cas. En semaine, avec mes frères prêtres, nous essayons de nous rendre dans les villages pour rester proches de ceux qui ont le plus de difficulté à se déplacer. Bien souvent, nous y retrouvons une poignée de paroissiens, fréquemment les mêmes, que je connais bien et que j'apprécie.

À mon arrivée, j'ai célébré dans les charmantes églises des petits villages du territoire. Elles sont belles, mais il y fait cru à l'entre-saison ! Le premier hiver, je me suis « caillé », comme disent les Francs-Comtois, et je suis tombé malade. En effet, pas facile de chauffer une église pour quelques personnes, avec un poêle qui nécessite de se relever la nuit pour l'alimenter en bois. Combien de paroissiens héroïques, âgés de quatre-vingts ans parfois, se sont démenés pour apporter un peu de chaleur à ces messes au cœur de l'hiver froid et humide de ce coin de la Haute-Saône ?

Aussi, un jour, avons-nous pensé à une autre solution : célébrer la messe directement chez l'habitant. Un service à domicile, en quelque sorte, une messe tout confort, si l'on veut. Les lieux de célébration sont proposés par les fidèles, ceux qui, par exemple, ne peuvent pas se déplacer à cause de leur grand âge. Les choix se font avec les prêtres, bien sûr, pour s'assurer de leur disponibilité. Chauffer une église pour une poignée de fidèles, réclamer à un paroissien de s'en occuper vingt-quatre heures avant, gâcher du fuel et du bois, détruire un peu plus notre planète, tout cela a un coût et n'était de toutes les façons plus possible. La pratique est, me semble-t-il, assez nouvelle dans notre secteur, même si nous savons que les premiers chrétiens se retrouvaient déjà autour d'une table pour revivre le dernier repas de Jésus. Si je veux continuer à célébrer des messes en semaine dans la joie, la bonne humeur et la chaleur tout en conservant une proximité, c'est une bonne alternative.

Ces célébrations ne sont pas très différentes de celles que je conduis dans les églises tous les week-ends. Peut-être un peu plus simples, avec une plus grande proximité et une convivialité autour de la table de la salle à manger. Je m'y rends souvent avec les autres prêtres disponibles. Lorsque j'arrive, après quelques mots de bienvenue, je revêts rapidement l'aube et l'étole, comme pour n'importe quelle autre célébration. Et c'est parti ! Signe de croix, lecture de passages de la Bible, chants et, bien sûr, le moment essentiel de la consécration et de la communion au

Corps du Christ. Nous voilà tous un peu transformés, transcendés, grâce à ce temps d'échange et de prière avec notre Seigneur. Les agapes se prolongent, nos hôtes nous proposent un café, une part de gâteau, on discute de tout, de rien, de la vie du village. Parfois la discussion s'engage sur le sujet évoqué au cours de la lecture qui a été faite. Outre la convivialité des premiers moments passés ensemble, la proximité permet aux langues de se délier avec plus de liberté qu'à l'occasion des messes à l'église. De temps à autre, j'ai droit à des critiques ou à des reproches sur ma façon de conduire la paroisse, le doyenné, notamment concernant la nouvelle organisation. C'est important pour moi de recueillir ces remarques afin de pouvoir expliquer les raisons du changement.

Pour aller plus loin et entretenir encore un peu plus la proximité, nous avons pensé proposer, les vendredis ou samedis, des messes patronales en soirée, cette fois-ci non plus chez l'habitant, mais dans une église villageoise. Pourquoi ne pas aussi instaurer une fête de village annuelle, le jour où l'on y célèbre le saint patron de son église ? Cela pourrait être une belle collaboration avec la mairie. Nous débuterions par un petit discours sur l'histoire du village, son église, ses richesses. Puis, nous célébrerions la messe. Nous terminerions par un apéro ou un repas. Cela permettrait d'avoir des assemblées plus vivantes. Le défi mérite d'être relevé, d'autant plus que l'expérience a déjà été menée dans le petit village de Fleurey-lès-Saint-Loup, et s'est révélée concluante. J'avais demandé à une paroissienne d'en parler à Mme le maire, qui a rapidement donné son accord. Aussitôt dit, aussitôt mobilisés. Le jour J, les habitants et l'association du village dressent un chapiteau devant la chapelle, préparent un buffet dînatoire, nettoient la chapelle de fond en comble. Mme le maire m'accueille et dit un mot de cette chapelle dédiée à saint Laurent, puis je commence la célébration. Les parents, les enfants, les jeunes, les personnes plus âgées, tous sont là, nous sommes quatre-vingt-dix ! Certains m'apostrophent à la fin de la messe : « Mon Père, j'aimerais baptiser ma fille mais... » ; « J'aimerais que ma fille se rende au catéchisme... » ; « Pourriez-vous visiter ma maman malade... » Nombreux parmi eux me parlent pour la première fois. Le dernier rassemblement religieux dans ce village remontait à huit ans, je crois ! Voilà une belle expérience humaine et spirituelle qui fait du bien. Je rêve de reproduire ce type d'événements dans d'autres villages du doyenné. Ils me fournissent l'occasion d'échanger avec des personnes qui peuvent m'aborder simplement. Et puis, même si je me rends moins souvent dans certains lieux, en me limitant à une messe par an, je m'y sens à l'aise malgré tout, bien à ma place.

Enfin, il y a certaines choses que je n'ai pas souhaité modifier. À Luxeuil, tous les mercredis à dix-huit heures, j'ai maintenu la messe à la basilique, dans l'espace adapté de la chapelle d'hiver. Nous nous y retrouvons à une vingtaine. Et à Saint-Loup, le jeudi matin à neuf heures, nous sommes une bonne dizaine de fidèles, désireux de comprendre la parole de Dieu et de célébrer l'eucharistie. Il est important de maintenir quelques repères du passé. Ce qui ne m'empêche pas de penser à de nouvelles approches.

# 7

## Les messes-autrement

J'ai commencé à expérimenter les « messes-autrement » au cours de ma mission à Besançon. Elles sont nées de mon expérience avec les jeunes, ce qui m'a été bien utile en arrivant à Luxeuil, car j'ai tout de suite constaté que les moins assidus des fidèles se comptaient parmi eux. Comment redonner à cette génération l'envie de venir voir à quoi ressemble une messe ? Lorsque je pensais à la musique qu'ils écoutent et à ce que je leur proposais, je mesurais instantanément le gouffre qui nous séparait. Mais je ne me voyais pas changer les choses seul. Petit à petit, j'ai associé les autres prêtres, j'ai consulté les équipes, et ce projet a pu voir le jour grâce à l'échange et à la conclusion d'un accord consensuel sur la manière de le construire. Le contraire n'aurait pas été possible. C'est pour cette raison que les messes-autrement se sont si facilement et si fortement enracinées dans le paysage des célébrations. D'ailleurs, elles ont perduré à Besançon après mon départ ; je pense qu'il en sera de même à Luxeuil. Car mon but n'est pas :

« Après moi, advienne que pourra. » C'est au contraire d'installer un changement structurel qui n'ait pas besoin de moi pour continuer d'exister. Sans oublier que cette mise en place pourra aussi être remise en cause. Les choix de 2025 seront certainement bien différents de ceux faits en 2015 ! Ce qui me rend heureux et me donne de l'espoir, c'est qu'à présent, l'idée fait son chemin, puisque les messes-autrement commencent à intéresser au-delà de Luxeuil. Des chrétiens de Gray sont venus voir à quoi elles ressemblaient. Ils en sont repartis conquis, décidant de s'en inspirer. À Vesoul, elles existent sous une autre appellation et avec un tout autre style.

Pour le moment, ces messes sont programmées le troisième samedi de chaque mois, en soirée ; encore une distinction de taille par rapport aux célébrations habituelles du dimanche matin. Parmi les grandes nouveautés, la plus importante est probablement la présence de jeunes musiciens. J'ai vu naître le groupe Barthéo – nom qui signifie « Fils de Dieu » –, constitué d'un pianiste, d'un guitariste, de deux flûtistes, d'un batteur et d'une dizaine de chanteurs. J'ai voulu m'investir personnellement auprès d'eux, je participe donc activement aux répétitions. C'est un choix, et chanter avec ces jeunes est devenu un rendez-vous mensuel auquel je tiens. J'y retrouve la joie, l'humour, un vrai temps de prière. Cela me permet aussi de les encourager et de veiller à la dynamique du groupe. Nous proposons du chant moderne, religieux, à la manière du rock chrétien américain ou de la pop louange.

Les messes-autrement ne font pas l'unanimité au sein de l'Église. Je constate que deux courants existent, suscitant même quelques tensions. D'un côté, ceux qui sont persuadés que la messe classique, telle qu'elle a toujours été célébrée, n'a pas besoin d'évoluer. De l'autre, ceux qui se montrent insatisfaits, voire inquiets face à la mutation que nous traversons et qui considèrent l'inertie comme la mère de tous les dangers pour l'Église. Ceux-là souhaitent tout naturellement aller de l'avant. Pour ma part, j'appartiens plutôt à la deuxième catégorie, sans être un jusqu'au-boutiste, un forcené du changement. Je souhaite que les deux modèles cohabitent harmonieusement, ils sont complémentaires. Aussi, au dernier synode du diocèse, j'ai souhaité exposer le déroulement de ces messes, simplement pour expliquer en quoi elles consistaient. J'ai présenté notre projet avec des arguments qui se voulaient rassurants, pour ne braquer personne. J'espérais frapper les esprits, mais en douceur – bel oxymore. J'ai donc utilisé cette anaphore : « Avant à la messe, je ne voyais que des cheveux blancs; avant à la messe, il n'y avait pas d'enfants; avant à la messe, le chant suivait un rythme lent; avant à la messe, je ne voyais pas de sourire; avant à la messe, les fidèles étaient dispersés, chacun installé sur son rang, le plus loin possible les uns des autres. » Je brossais un tableau en demi-teinte, j'exprimais ma déception à propos de ces célébrations qui pour moi manquaient de vie, de fraternité, de diversité. J'ai été écouté et, je crois, entendu, et c'est là l'essentiel. Cela a dû pousser certains à se poser de nouvelles questions, en enthousiasmer d'autres, sûrement en révolter d'autres encore. Je n'avais personne à convaincre, juste à faire connaître.

Aujourd'hui, à chacune de ces messes nouvelle formule, j'aperçois des cheveux de toutes les couleurs, les fidèles se prennent dans les bras, on se réunit tous aux premiers rangs, pour se sentir proches les uns des autres. Plus personne ne se cache derrière sa feuille de chant – ce n'est plus nécessaire, chacun a la possibilité de lire les paroles sur un grand écran de projection. Quant aux homélies, la variété est de mise. Nous avons rompu avec une certaine monotonie. Elles faisaient parfois bâiller, ce n'est plus le cas aujourd'hui puisque je demande aux fidèles de participer en échangeant et en partageant par groupes de deux ou de quatre. D'ailleurs, pour m'adresser à eux, je me place au milieu pour faciliter la communication. Il peut aussi nous arriver de regarder une vidéo ensemble. Lorsque l'occasion se présente, je décide d'inviter un témoin remarquable dont l'expérience mérite d'être partagée.

On pourrait en conclure que je cherche à désacraliser la messe. C'est le reproche que m'adressent ceux qui prêchent pour que rien ne change. Je pense au contraire que je la resacralise en redonnant de la chair et de la spiritualité à cette célébration qui pour certains pouvait manquer de relief et où certains s'ennuyaient. Les gens découvrent dorénavant quelque chose de plus stimulant, à quoi se raccrocher. Ne serait-ce que grâce aux chants, qui sont devenus beaucoup plus entraînants et donc plus enthousiasmants. En début de célébration, nous pouvons d'ailleurs battre des mains pour accueillir ceux qui viennent pour la première fois. C'est un instant de communion qui se manifeste autrement, et qui répond à un besoin des jeunes de s'extérioriser. Mais la messe-autrement ne se réduit pas à une exaltation extérieure, d'autres moments sont beaucoup plus méditatifs. Cette alternance avec des moments d'intériorité et de calme est primordiale. Par exemple, après la communion au Corps du Christ, nous changeons de tempo avec une adoration, accompagnée d'un chant très doux. Nous créons alors une ambiance toute particulière, en éteignant toutes les lumières. L'église est plongée dans le noir, un noir profond, incitant au recueillement, et on prie pendant cinq minutes en silence, enfants compris. Dieu est là, face à nous, nous prenons le temps d'être avec lui. Un jour, alors qu'il y avait beaucoup de tout-petits, je m'inquiétai. Sauraient-ils entrer dans cette démarche d'adoration dans le calme ? Cinquante gamins dans l'église, cinq minutes de prière dans un silence absolu. Je n'en reviens toujours pas ! Dieu fait des merveilles !

Il n'y a pas que la célébration qui ait changé. Une petite révolution s'est aussi invitée dans la préparation. Fini la réunion en chair et en os quinze jours avant ! Tout se règle par Internet : la mise en place avec les différents intervenants, le choix des musiques, les problèmes techniques, la projection du diaporama... L'ensemble des sujets est passé en revue. Le jour J, tout le monde se rencontre. Pendant que l'on installe les différents ateliers, les musiciens répètent leur répertoire ; l'idée consiste à sortir de l'animation tout orgue et à encourager une musique plus contemporaine. Mais encore une fois, changer de genre musical ne signifie pas renoncer au recueillement; certains chants, plus lents, sont d'ailleurs prévus pour le favoriser. Je voulais avant tout sortir les chants de leur carcan – avant, je les trouvais trop linéaires. Le groupe qui intervient dans nos églises s'inspire principalement de la musique pop-rock chrétienne de Glorious, mais aussi des chants de l'Emmanuel[1], des communautés nouvelles qui ont débarqué en France dans les années 1970. Dans les premiers temps, l'Emmanuel a exclusivement écrit pour ses propres communautés. Mais progressivement, ses chants ont investi les paroisses, son très large répertoire est d'ailleurs de plus en plus répandu. Nous avons aussi pioché dans celui de la communauté de Taizé, très prisé par les jeunes. Les frères de cette communauté proposent des chants réduits à quelques phrases, répétées en boucle, à la manière d'un mantra, avec une progression qui leur procure de plus en plus de puissance – « Jésus le Christ, lumière intérieure / Ne laisse pas mes ténèbres me parler / Jésus le Christ, lumière intérieure / Donne-moi d'accueillir ton amour ». Les voix s'additionnent – une deuxième, une troisième, plus elles s'accumulent, plus on est entraîné dans la méditation. De quoi donner

1. La communauté de l'Emmanuel est née d'un groupe de prière du renouveau charismatique en 1972. Elle rassemble des laïcs (mariés, célibataires, consacrés) et des prêtres.

une intériorité à la prière. C'est là la force de ces chants.

Je veux qu'il souffle un vent de liberté dans l'église, je veux voir des enfants courir, des gens rire, prier, mais toujours en respectant un silence habité. Je veux avant tout que chacun se sente à l'aise, d'ailleurs, tout est fait pour ça : l'ambiance est conviviale, on prépare un apéritif, on installe des tapis pour les enfants que l'on répartit en deux groupes, les moins de sept ans d'un côté, les plus grands de l'autre. On soigne aussi les jeux de lumière, qui sont très importants pour plonger les fidèles dans l'ambiance adéquate. L'église est faite de pierres mortes, mais l'Église est faite de femmes, d'hommes, d'enfants, autant de pierres vivantes. Jésus disait à Pierre, son apôtre : « Tu es Pierre, et sur cette pierre je bâtirai mon Église[1]. » En réunissant tous ces éléments, chacun trouve sa place et parvient à se détendre. Il devient alors plus facile d'engager des discussions autour d'une question que je propose, toujours inspirée de la parole de Dieu.

Cette année, nous pensions innover et mettre à l'honneur les couples qui ont fait le choix de l'engagement avec un mariage religieux – dans notre jargon, nous disons même « sacramentel » – et qui ont su durer cinq, dix, vingt-cinq, cinquante et même soixante ans. Si, si, ça existe, j'en rencontre ! Une bonne façon de redonner du prix aux liens du mariage et à la fidélité à une époque où ils sont rarement valorisés, peu

1. Évangile selon saint Matthieu, chapitre 16, verset 18.

reconnus à leur juste valeur. Et de distiller du bonheur dans la vie de l'Église ! Avec les baptêmes et la célébration des mariages heureux, je veux faire entrer la joie dans un lieu qui accueille aussi des êtres en souffrance, comme lors des funérailles. Mettre en évidence la confiance, la fidélité. Le chrétien ne peut sans cesse déprimer, il sait que Dieu le sauve et lui permet de se tourner naturellement vers la lumière comme le tournesol vers le soleil. Ensemble, regardons le bon côté de la vie. Notre pape le répète haut et fort dans ses livres aux titres évocateurs : *La Joie de l'Évangile*, *La Joie de l'amour*, *Loué sois-tu*. C'est un des buts de ces messes-autrement, sortir de la grisaille, de la tristesse, de l'affadissement. Prier, c'est aussi vivre la joie d'être aimé ! Et cela fonctionne, les chrétiens y prennent goût, ils acceptent le temps long pour prier. L'assemblée rajeunit, les gens reviennent, la communauté se fortifie. Ce constat m'a donné l'idée d'explorer de nouveaux chemins, comme autant de cadeaux offerts aux chrétiens. Je pense notamment aux célébrations pénitentielles et autres formules dédiées au pardon.

# 8

# Le grand pardon : à chacun sa formule

C'est bien d'un cadeau que je veux parler : offrir la possibilité à chacun de faire naître la vérité dans sa vie et de recevoir le pardon de notre Seigneur. De renouer avec la dynamique divine, d'avoir la conscience tranquille et de retrouver l'harmonie dans ses relations. Ce cadeau, c'est le sacrement du pardon. Dans l'Église catholique, voilà un acte qui nécessite la présence physique d'un prêtre ou d'un évêque. Un échange d'une richesse inouïe pour le prêtre que je suis et, je l'espère, pour le pénitent qui se trouve en face de moi. Oh, bien sûr, ce que je vous dis là semble à contre-courant des idées de la société : se confesser dans l'imaginaire collectif apparaît comme une épreuve, parfois un calvaire, marqué souvent d'a-priori négatifs. Mais le temps est révolu où l'emprise sur les consciences se vivait là ! Ils seraient nombreux à témoigner au contraire de la grande libération vécue dans le sacrement du pardon. Être entendu dans une souffrance, n'est-ce pas une grâce ? Être pardonné par Dieu, engager une démarche de réconciliation avec un proche, n'est-ce pas le gage d'une paix intérieure ? Les larmes de peine font parfois place aux larmes de joie tant le Seigneur est efficace dans ces moments.

Quand on essaie de suivre Jésus, de l'imiter et de l'aimer, il faut reconnaître qu'il ne faut pas relâcher ses efforts. Et dans ma vie, je fais le constat qu'il y a encore bien du chemin à faire. C'est pourquoi je demande moi aussi régulièrement le sacrement du pardon. Je peux déposer là les tensions qui m'habitent, mon péché[1], mes doutes, et demander au Seigneur de me renouveler, de me pardonner, de m'inonder de son amour. Car je sais que prendre le temps de relire ma vie à la lumière de l'amour de Dieu et de sa parole me permet de voir ce qui n'est pas ajusté dans mon existence, ce qui est de l'ordre du péché... Et je fais l'expérience, en l'exprimant succinctement au prêtre qui est en face de moi, que je suis coupable et que cela me rend triste. Triste d'avoir choqué un paroissien en lui ayant répondu sèchement sans charité, triste de ne pas avoir écouté vraiment telle personne, triste de m'être emporté et d'avoir blessé telle autre. Je ressens cette tristesse souvent amèrement, mais c'est ensuite la joie de recevoir cette parole d'une force incroyable : « Et moi, au nom du Père et du Fils et du Saint-Esprit, je vous pardonne tous vos péchés. » Celle-ci me remplit parfois d'une joie profonde

1. Du latin *peccare*, qui veut dire « être fautif, faillir ». Le péché est dans la tradition chrétienne ce qui coupe de la relation aux autres, à Dieu et à soi-même.

immédiate, d'autres fois je suis juste en paix. Cela me fait toucher concrètement cette phrase du psaume 50, psaume de pénitence par excellence : « Rends-moi la joie d'être sauvé ; que l'esprit généreux me soutienne[1]. » Oui, je ressens joie et paix ! Oui, je repars rechargé de la bonté de Dieu, prêt à changer, motivé pour demander pardon à ceux que j'ai blessés.

Dans un quotidien marqué par de nombreuses réunions, j'attends avec impatience ces moments qui constituent le cœur de notre ministère : annoncer un Dieu Père miséricordieux avec tous. Je suis toujours heureux de retrouver ma mission sur le terrain et de me rendre à une célébration pénitentielle[2], où le pardon de Dieu est donné. En fait, dans l'année, nous proposons trois formules différentes. Je précise, à toutes fins utiles, que ce ne sont pas des « offres exclusives », puisque à tout moment un chrétien peut demander à un prêtre la réconciliation. Cette disponibilité permet de répondre aux urgences, comme si nous étions à l'hôpital, car pour certains il est vital de recevoir rapidement le soin de Dieu. D'ailleurs, je me suis émerveillé de cette formule du pape François, lors d'une interview pour des revues culturelles jésuites en août 2013 : « Je vois avec clarté que la chose dont a le plus besoin l'Église aujourd'hui, c'est

1. Psaume 50, verset 14.
2. Temps où le fidèle fait une démarche communautaire et personnelle pour relire sa vie, reconnaître le bon et le péché qui l'habite. Il confie cela au prêtre, qui représente Dieu. Le prêtre l'invite au changement et lui signifie le pardon que Dieu lui donne.

la capacité de soigner les blessures et de réchauffer le cœur des fidèles, la proximité, la convivialité. Je vois l'Église comme un hôpital de campagne après une bataille. Il est inutile de demander à un blessé grave s'il a du cholestérol ou si son taux de sucre est trop haut ! Nous devons soigner les blessures. Ensuite nous pourrons aborder le reste. Soigner les blessures, soigner les blessures… Il faut commencer par le bas. » Faire jaillir la vérité, soigner ses blessures, réentendre le pardon de Dieu peuvent être salutaires. Aussi, à Luxeuil, avons-nous mis en place une permanence de confession, tous les mercredis à dix-huit heures, juste avant la messe à la basilique. Il s'agit là de l'une de nos trois propositions. Ce temps de pardon individuel me permet de nouer le dialogue avec les fidèles. Je les écoute, je cherche avec eux de nouvelles portes face aux impasses rencontrées dans leur vie, et je peux les encourager dans leur recherche sur le chemin vers Dieu. Dans ces moments, je me sens vraiment à ma place, accompagnant sans juger, à l'écoute ; je deviens plus ou moins le « médecin » des âmes, pour continuer de filer la métaphore de l'hôpital de campagne.

Dans l'année liturgique[1], le peuple de Dieu prépare la fête de Noël et celle de Pâques en se mettant en état

1. Cette dernière s'ouvre chaque année le premier dimanche de l'Avent, suivant un cycle de trois ans. L'année A est consacrée à l'Évangile de Matthieu, l'année B à celui de Marc et l'année C à celui de Luc. Chaque année permet donc de revivre l'ensemble de l'histoire du Christ et de parcourir son mystère.

de conversion. Les temps de l'Avent et du Carême sont ainsi privilégiés pour que chacun puisse recevoir le sacrement de réconciliation. Pour un chrétien, progresser dans la vie consiste en effet à laisser passer l'amour de Dieu et recevoir son pardon. Pour cela, en se retournant sur sa vie, il reconnaît son péché, le mal adressé aux autres. Au moment de l'Avent, nous organisons quatre grandes célébrations. Au programme : rassemblement, chants, lecture d'une parole de Dieu, examen de conscience, puis rencontre rapide avec le prêtre qui accorde le pardon ; final en récitant ensemble un *Notre-Père* et en chantant notre joie d'être lavés de nos péchés. Et... de repartir du bon pied. Une cérémonie tout ce qu'il y a d'habituel, que l'on retrouve dans toutes les paroisses de France et du monde. C'est la formule classique, avec un « menu » pour tous, au même moment.

Pour le Carême[1], au mois de mars, c'est un peu différent, nous proposons une formule plus originale : l'après-midi miséricorde. Cette fois-ci, le menu est à la carte, et chacun est autonome dans sa démarche. Les enfants et les jeunes y trouvent des ateliers qui leur sont spécialement destinés, ils déambulent tout curieux dans les grands espaces de l'église. C'est ainsi qu'ils apprivoisent le lieu et le prêtre qui les reçoit... Cet édifice devient leur maison, et le prêtre leur confident bienveillant. À cette occasion, l'église est rendue

1. Les quarante jours de préparation à la fête de Pâques sont marqués par trois attitudes que le chrétien cherche à intensifier : la prière, le jeûne et le partage.

accueillante, chaleureuse, et nous y installons une dizaine d'ateliers qui préparent au sacrement du pardon. L'un d'entre eux s'attache à faire (re)découvrir un passage biblique – j'ai pu, par exemple, proposer celui du « fils prodigue[1] », un texte qui permet de parler de réconciliation à travers la relation tumultueuse d'un fils et de son père. Un autre espace est dédié à la diffusion d'une petite vidéo, pour mieux comprendre le texte. Un autre lieu, plus feutré, permet d'entrer en prière en s'appuyant sur une œuvre d'art représentant les retrouvailles de ce père avec son fils cadet. Un atelier coloriage de la scène stimule les enfants. Une chapelle offre un cadre propice pour se retrouver face à Dieu dans l'adoration eucharistique[2]. Toutes ces propositions sont réparties dans l'espace d'une église et se déroulent sur une demi-journée. Chacun peut venir quand il le veut, pour la durée qu'il veut, et avancer dans l'ordre de son choix. Et puis, enfin, chacun peut recevoir le pardon de Dieu. En général, nous sommes quatre ou cinq prêtres, certains venant de l'extérieur du doyenné, disponibles en aube et en étole violette[3] pour accueillir, écouter, dialoguer, et donner le sacrement. Le pardon de Dieu, je ne peux me le donner

1. Parabole dite par Jésus à ses disciples pour leur faire comprendre le visage de son Père : la Miséricorde. On trouve ce passage dans l'Évangile selon saint Luc, chapitre 15, versets 11 à 32.

2. Culte qui consiste à positionner une hostie consacrée face aux personnes qui prient. Ainsi une relation s'engage entre le chrétien et le Corps du Christ.

3. Cette forme d'écharpe représente le Christ qui accompagne le prêtre dans les célébrations.

moi-même, il doit être reçu. En dialoguant avec un prêtre, les fidèles bénéficient d'un soutien éclairé pour entrer en conversation avec le Tout-Puissant, et vivre une conversion. Le sacrement du pardon transforme vraiment celui qui le reçoit, j'en suis témoin. Je pense à cette femme âgée qui, toute renfermée, a retrouvé goût à la vie suite à ce sacrement. Elle avait besoin d'être entendue dans sa douleur, alors que son mari, désormais décédé, l'avait violentée. Il lui fallait en parler pour que la vie l'emporte, et ainsi tourner cette page douloureuse. Je pense à ceux qui viennent offrir des confessions « ordinaires ». Ils n'ont pas commis de choses graves, mais sentent que l'amour de Dieu les pousse à faire mieux. Mieux aimer les autres, mieux soutenir leurs enfants, mieux entrer en relation avec le Seigneur, mieux vivre la charité autour d'eux. Des chrétiens ordinaires, qui se reconnaissent simplement pécheurs et qui sollicitent l'aide de Dieu. Quand une personne me confesse ne plus s'entendre avec un membre de sa famille, lui avoir fait volontairement du mal, je l'invite à une pénitence, c'est-à-dire un acte de réparation. Par exemple je lui demande d'aller vers cette personne, de reprendre le dialogue, de prier pour elle, voire d'oser une parole ou un geste de pardon. Encore faut-il être prêt ! La réconciliation est impossible si chacun ne parcourt pas un bout de chemin pour aller vers l'autre. Les enfants, parfois très sensibles au bien et au mal, mesurent bien que pardonner et être pardonné sont les deux faces d'une même réalité.

Pour satisfaire le plus de monde possible, j'organise deux après-midi miséricorde lors du Carême, situées dans deux lieux différents du doyenné. La première à la basilique de Luxeuil, l'église majeure du doyenné, la seconde à l'église de Corbenay, un village situé à une quinzaine de kilomètres. Là encore, cette mutation a donné lieu à d'importants débats au sein de nos communautés chrétiennes et entre les prêtres eux-mêmes. Certains souhaitaient vivre le sacrement sur le modèle de ce qui se faisait dans les situations exceptionnelles, comme en temps de guerre ou de catastrophe, alors que les prêtres se retrouvaient submergés par les demandes de confessions. Dans ce cas, le pardon était accordé par une absolution collective, sans que les gens aient à exprimer oralement leurs péchés. À l'époque, les arguments n'étaient pas dénués d'intérêt, puisque le prêtre ne pouvait matériellement pas confesser individuellement les fidèles, tant il y en avait. Et puis, ces derniers pouvaient interpréter la démarche individuelle comme une emprise sur leur conscience. Il est vrai que l'Église a pu se montrer écrasante, moralisatrice, profitant de son pouvoir. Nous en sommes tristement conscients au vu des multiples abus révélés de par le monde. Aujourd'hui, je ne vous cache pas que les files d'attente pour recevoir le pardon se sont bien réduites ! Il me faudra poursuivre la remise en valeur de ce sacrement. Nous sommes maintenant de fait plus à distance, notre emprise s'est très nettement amenuisée. D'ailleurs, en ce qui me concerne, je ne confesse jamais des gens qui me sont trop proches et je sais que nous sommes de plus en plus nombreux à adopter cette attitude – au point de faire venir des prêtres extérieurs au doyenné pour confesser les paroissiens que nous connaissons trop bien ou avec lesquels nous collaborons. L'important étant de ne pas aliéner notre liberté de jugement et ne pas dévoyer le secret de la confession.

Tout n'est pas toujours simple au cours de ces rencontres. Certains viennent avec des vies cassées, brisées, portant des poids bien trop lourds pour eux. Un certain nombre, après avoir reçu le sacrement, souhaite un accompagnement dans la durée.

# 9

# Des secrets confiés : joies et peines

Accompagner, c'est devenir, pour un temps donné, compagnon de route. Dans la vie chrétienne, se mettre en route avec un autre, pour éclairer sa vie de la présence de Dieu, est de plus en plus courant. Comme prêtre, je vis cela régulièrement chaque mois, en recevant des « accompagnés » spirituels. Ce sont des moments de face-à-face qui ne se ressemblent jamais. Je distingue néanmoins trois profils de personnes dans ces temps où nous touchons le secret, l'intimité de leur vie. Tout d'abord se présentent à moi des croyants installés dans une vie stable, qui recherchent comment progresser dans leur vie relationnelle et chrétienne, dans leur vie de prière. Puis il y a ceux qui se posent de grandes questions sur l'existence, sur Jésus, sur leur vie en Église… Ce sont souvent des commençants ou recommençants dans la foi, brûlants du feu du converti, pleins d'enthousiasme, conscients de l'appel de Dieu dans leur vie. Viennent enfin ceux qui connaissent des situations de crise : une addiction à l'alcool, au jeu ou au sexe, une séparation douloureuse, un deuil qui bouscule toutes les certitudes...

Tous ces accompagnements spirituels, comme les confessions, représentent des moments où la confiance doit être réciproque; ils sont toujours menés dans le respect de la confidentialité. Aussi, en écrivant ces quelques lignes, ai-je largement modifié les situations, les lieux, les personnages, afin de préserver les intéressés de toute indiscrétion. Voici quelques exemples d'hommes et de femmes que j'ai pu accompagner dans leur chemin de vie et qui m'ont sincèrement marqué, touché au cœur.

Commençons par cette femme en mission pour le diocèse d'Alsace. Nous l'appellerons Bernadette. Elle s'occupe de l'aumônerie des lycéens. Sa mission consiste à rassembler les jeunes en les conviant à des soirées au cours desquelles ils discutent de Dieu, de la foi, de l'accueil des migrants, de nos choix éthiques... Pour remplir sa tâche, il lui a été suggéré de se faire accompagner spirituellement, en évitant de demander à quelqu'un de trop proche. On lui a communiqué mes coordonnées, elle m'a appelé. Nous nous sommes rencontrés une fois pour apprendre à nous connaître et définir nos attentes respectives. Ce fut suffisant pour prendre notre décision. Nous nous sommes ensuite vus chaque mois pendant quatre ans. Je vous raconte en quelques mots une rencontre du mois de juillet, où Bernadette fait le point sur l'année écoulée. Elle me confie qu'elle a ouvert les yeux sur une évidence : «J'ai changé.» Elle reconnaît que Dieu l'a petit à petit façonnée, transformée, accompagnée. Elle s'est laissé enseigner et bouger par la parole de Dieu qu'elle goûte chaque jour : « Au long du jour, le Seigneur m'envoie son amour ; et la nuit, son chant est avec moi, prière au Dieu de ma vie[1]. » Cette transformation est un virage, une mue, un renouvellement, laissant place à une vie plus libre. Et cela se confirme dans le changement de regard de ses collègues de bureau. Ceux qui la considéraient comme une catho coincée, sans intérêt, ont eux aussi modifié leur attitude pour faire preuve de respect et de curiosité. « Oui, dit-elle, c'est un chemin de libération en profondeur que je vis depuis quatre ans. »

Autre situation d'accompagnement marquante, remontant, elle, à quelques années : celle de cet étudiant jurassien cherchant son chemin vers Dieu. Il s'est inscrit dans une fac sans être véritablement motivé. Au cours de ses premières années d'études, il s'interroge fréquemment sur la vie, la mort, la souffrance, mais aussi comment aimer les autres. Sa recherche le pousse à lire la Bible de manière passionnée. Il vient vers moi pour mieux comprendre celle-ci. Petit à petit, la question de la relation à l'autre occupe de plus en plus son esprit, le préoccupe même. Il choisit alors de vivre en communauté, entouré de jeunes de son âge, tout en cherchant toujours à être plus proche de Dieu. Il change d'orientation pour s'engager vers un métier à caractère social, au service de

1. Psaume 41, verset 9.

la personne, et sa vie de prière se renforce. Au cours de mes accompagnements, j'écoute, je donne à voir ce qui me semble être dans l'élan de Dieu, je l'invite à ne pas s'enfermer, je suis le simple témoin d'un accomplissement, d'un chemin vers le Seigneur. C'est une des grâces[1] de notre ministère, voir les fruits de Dieu croître dans la vie d'une personne. Un jour s'est posée pour lui la question de devenir religieux. Pourquoi pas ? À la fin de ses études, après quelques années de vie professionnelle à Bordeaux, sa recherche se poursuit. La Bible lui est devenue familière, sa démarche le mènera peut-être dans une communauté de bénédictins pour y accomplir un temps de noviciat. Aux dernières nouvelles, il n'y est pas encore entré, prenant le temps de poursuivre son discernement. J'ai gardé avec lui un lien régulier par téléphone. Mon investissement auprès des jeunes et du service des vocations m'a permis, à plusieurs reprises, d'accompagner des garçons ou des filles comme lui, désirant devenir moines, prêtres ou religieuses. Une grande joie pour moi que de pouvoir offrir à mon tour ce que plusieurs prêtres ont fait pour moi quand je cherchais à savoir comment suivre les voies du Seigneur.

D'autres demandes d'accompagnement peuvent se présenter, notamment de la part de ceux qui souhaitent recevoir le baptême. Chaque année, ils sont

1. Cadeau que nous recevons de Dieu.

plus nombreux, enthousiastes, souvent des jeunes, étudiants ou déjà engagés dans la vie professionnelle.

Il s'appelle Martin, vingt-cinq ans. J'ai baptisé son fils il y a quelques années. Quand il se présente à moi, il connaît une séparation douloureuse, des soucis professionnels. Il me dit : « Je veux reprendre ma vie en main, le baptême est pour moi un bon moyen pour repartir dans le bon sens, avec Dieu. »

Je pense encore à cette maman d'une petite fille. Elle aussi ressentait depuis quelques années le besoin ardent de rencontrer Jésus. Comment faire ? Elle s'adresse à sa voisine qu'elle sait être une chrétienne fervente. Le pas est franchi : après un cheminement au sein d'un petit groupe, elle vivra ce beau moment du baptême. Elle souhaitera poursuivre en s'engageant comme catéchiste auprès des enfants. Sa foi et sa joie sont maintenant communicatives !

Je pense enfin à ce jeune cadre infirmier. Sa sœur s'était convertie peu auparavant à la foi chrétienne. Dès les premières rencontres, il est plein de questions : que dit la Bible sur tel point ? Que pense l'Église sur tel autre ? Pourquoi Dieu laisse-t-Il souffrir les hommes ? Pourquoi certains ne peuvent pas croire ? Comment prier ? Mille questions qui trouvent jour après jour des réponses, ou qui engendrent d'autres interrogations… La belle fraternité dans la rencontre avec d'autres jeunes chrétiens déjà confirmés dans leur foi est un terrain propice pour que tout cela s'exprime.

Pour finir avec ce descriptif de situations, je développerai deux accompagnements plus compliqués de personnes vivant une crise grave, personnelle et s'adressant à l'Église pour un soutien humain et religieux.

Pour commencer, un homme dont la situation m'a profondément bousculé, alors que je me trouvais à Paris en 2011, lors d'une formation complémentaire pour être plus à l'aise dans mon ministère et relire mon expérience. Je rencontre donc cet homme d'une cinquantaine d'années, que l'on pourrait qualifier de libertin, complètement submergé par des pulsions sexuelles incontrôlables, bien que marié à la même femme depuis longtemps. Le jour où il se présente à moi, il ne supporte plus la duplicité dont il se sent prisonnier. Il vit cette addiction comme un véritable calvaire. Difficile pour moi de comprendre tout ça ! Comment réagir ? À mes yeux, c'est une personne en souffrance, une victime, je sens bien qu'il est honnête quand il exprime sa douleur. Cette addiction ne vient pas de nulle part, elle se greffe à une longue histoire, faite de fragilités, d'abandons, de combats, de renaissances, de recherches d'identité. Avant de venir me voir, il trompait sa femme toutes les semaines, tout en mesurant parfaitement à quel point il s'était écarté du désir de Jésus de le voir fidèle dans sa relation conjugale. Au fil de l'accompagnement, il retrouve la force de résister et parvient à mieux dominer ses pulsions. Il progresse sur le chemin de la fidélité, mais la situation reste extrêmement fragile, tout peut basculer à nouveau. Il s'appuie sur la parole de Dieu, en étudiant le texte de la Genèse, racontant que l'homme et la femme ont été placés au sommet de la Création pour être complémentaires. Il découvre aussi le père Jean-Joseph Lataste, dominicain, béatifié à Besançon il y a quelques années. Ce prédicateur en milieu carcéral a bouleversé son temps, en dispensant la bonne nouvelle à des prisonnières. Il a médité sur la vie de Marie-Madeleine dans l'Évangile. En redonnant à ces femmes accusées de tous les maux par la société une véritable dignité malgré leurs péchés, Jean-Joseph devient le véritable apôtre de la Miséricorde, osant dire dans un sermon en 1865 cette phrase devenue célèbre : « Il est donc vrai, les plus grands pécheurs, les plus grandes pécheresses ont en eux ce qui fait les plus grands saints ; qui sait s'ils ne le deviendront pas un jour[1]. » Il pensait à Marie-Madeleine, il pensait à ces prisonnières, il aurait pu penser aussi à cet homme libertin et à tous les humains capables du pire mais aussi du meilleur. Au cours de cet accompagnement, j'ai découvert un homme qui a mené une véritable recherche de Dieu, soutenu par une foi profonde. Il n'a cessé d'exprimer son besoin de s'appuyer sur le Seigneur dans son combat quotidien, ce que résume parfaitement ce verset du psaume 17 : « Dieu mon libérateur, le rocher qui m'abrite, mon bouclier, mon fort, mon arme de victoire ! » La vie de prière régulière qu'il a commencé à mettre en place lui a permis de structurer sa journée, de mieux identifier le bien du mal et de

1. Sermon 188 du 23 juillet 1865 au Moulleau, sur Marie-Madeleine, par le père Lataste.

repousser les tentations. Sa belle persévérance a donné des fruits. Et je reste émerveillé par sa grande générosité.

Pour finir, comment ne pas évoquer ce sujet de société traumatique concernant les victimes d'agressions sexuelles ? Il m'est arrivé à plusieurs reprises d'entendre, lors d'accompagnements, ces personnes en grande détresse. À l'une d'entre elles, que j'ai longtemps accompagnée, je m'entends dire cette phrase, après de nombreuses heures d'écoute : « Vous souffrez depuis tant d'années avec ce qui vous est arrivé. Votre vie est brisée à cause de ce que vous avez subi. Osez en parler à la justice ! » Elle n'a, je crois, jamais voulu franchir le pas, même après des années d'accompagnement. Je l'ai régulièrement questionnée pour comprendre ce qui l'empêchait d'aller porter plainte. Je lui ai même proposé de l'accompagner dans cette démarche, parce que j'ai conscience qu'elle est extrêmement difficile à entreprendre seul. Le puissant mouvement de société autour de #MeToo n'existait pas encore. Et je n'ai pas été le seul à lui proposer de s'en ouvrir à la justice. Le psychologue qui la suit le lui a aussi conseillé, d'autres encore, mais elle n'y arrive pas. Sa réponse est toujours la même : « Si je désigne celui qui m'a violée, je détruis toute ma famille, et que deviendra mon lien avec elle ? » Il sera peut-être rompu, nous le savons tous les deux. Je mesure mon impuissance : savoir et ne rien pouvoir faire, ce n'est pas facile à accepter. C'est sa vie, elle exerce sa liberté avec conscience et intelligence. Elle ne ferme pas les yeux sur la réalité et chemine petit à petit. Et cela, je le respecte plus que tout. Chacun avance à son rythme. C'est à elle, et à elle seule, de prendre une décision.

Derrière ces situations variées, je me trouve, comme prêtre accompagnateur, dans une posture bien particulière, d'écoute active et bienveillante. D'ailleurs dans une rencontre d'une heure, j'écoute le plus souvent cinquante minutes, avant d'entrer dans un échange. Je reçois des éléments de vie personnels, qui ne peuvent se confier que dans un cadre clair d'absolue confidentialité. Ces accompagnements spirituels sont réguliers, souvent sur un rythme mensuel. Mon rôle consiste à tourner la personne vers ses ressources intérieures, sa foi en Jésus-Christ, la présence de Dieu dans sa vie. Pour débuter notre rencontre, nous prenons un temps pour prier ensemble ; cela peut apaiser, pacifier, et redonner un nouvel élan à la personne qui perçoit de manière sensible ce Dieu tout amour qui l'accompagne.

Ces moments me réclament un profond investissement ; chaque année, je limite donc le nombre de mes accompagnements. J'essaie de ne pas en cumuler plus de quatre en même temps. Cela me permet de ne pas altérer ma disponibilité spirituelle et de conserver une bonne qualité d'écoute. Si je n'y veillais pas, je serais bien évidemment incapable d'assumer cette mission si délicate et d'être à même de réagir à ce qui m'est confié. Je peux ainsi être en mesure de soutenir des personnes comme cette femme évoquée précédemment ou des fidèles en crise vis-à-vis de Dieu parce qu'ils ont vécu une épreuve difficile... Je suis là pour les inviter à prendre de la distance, donner des repères objectifs, dédramatiser certaines situations, accorder plus d'importance à d'autres qui pouvaient leur sembler secondaires. Je prendrais l'image du berger pour illustrer mon travail d'accompagnement. Comme lui, je suis souvent au milieu de mon troupeau, à côté de la personne ; parfois, je me place à l'arrière, pour soutenir la brebis en difficulté ; parfois, je m'installe en tête pour montrer le chemin. « Le Seigneur est mon berger : je ne manque de rien[1] », dit le psalmiste. À travers le prêtre, c'est donc le Christ Jésus, véritable berger, qui accompagne, guide le chrétien, sans jamais imposer. Le défi est avant tout d'accorder à la personne accompagnée une totale liberté. C'est essentiel. Ainsi je laisse celle-ci prendre l'initiative des rendez-vous, mais aussi des sujets abordés. Je fais attention à bien rester dans cette posture, à ma place, sans jugement aucun : il ne s'agit pas de donner mon avis, mais de laisser apparaître ce que Dieu veut, et ce que la personne veut.

Ces séances présentent évidemment quelques ressemblances avec une psychanalyse, toutefois leur empreinte spirituelle les en différencie profondément. J'utilise certes moi aussi un cahier dans lequel je prends des notes afin de mesurer le chemin parcouru ; mais la comparaison s'arrête là, me semble-t-il.

1. Psaume 22, verset 1.

En revanche, je reconnais humblement que, parfois, le temps d'accompagnement spirituel ne suffit pas et, dans ce cas, je fais comprendre que l'intervention d'un professionnel dans le domaine de la psychologie ou de l'assistance sociale peut être bonne et complémentaire.

Avant d'aller plus loin, je dois préciser que les prêtres sont eux aussi clairement invités à être accompagnés tout au long de leur vie. Depuis l'âge où je me suis posé la question de ma vocation, à dix-sept ans, jusqu'à aujourd'hui, soit plus de trente ans plus tard, j'ai toujours rencontré quelqu'un, une personne que j'ai choisie, appartenant à l'Église et possédant des compétences reconnues. En ce qui me concerne, je me suis d'abord orienté vers des prêtres de ma connaissance lorsque j'étais étudiant, puis vers des religieux d'expérience à partir du séminaire. Mon accompagnateur, cela fait dix ans qu'il me suit, je le vois toutes les six semaines environ. Personne n'est obligé d'en avoir un, mais la pratique fait partie de la démarche de foi, de confiance en l'autre. Le partage en confiance est dans notre culture chrétienne… et dans mon ADN ! Je trouve la démarche absolument nécessaire. Bien sûr, je compte quelques amis précieux à qui je peux faire certaines confidences, et leurs conseils sont souvent avisés. La famille bien évidemment peut aussi jouer un rôle. La mienne est bien là, car j'ai une belle relation de confiance avec mes parents, entre autres. Toutefois, il n'y a qu'avec mon accompagnateur que je peux aborder en profondeur certains sujets. C'est le cas de ceux qui engagent ma vie, mes décisions : l'écriture de ce livre, par exemple, en fut un. La grâce de cette relation est de savoir que mon accompagnateur ne me juge jamais et qu'il porte un regard bienveillant sur moi. Sur des sujets sensibles, comme ceux évoqués plus haut ou comme celui que je vais vous raconter, je peux ainsi relire mon attitude.

Ce jour-là, un homme en pleurs, migrant et demandeur d'asile, m'avouait un meurtre en légitime défense, dans un pays d'Afrique... Seul dans l'Église face à cette confidence, je me suis trouvé bien désarmé. L'écoute s'est poursuivie, et mille choses me passaient par la tête. Quel drame ! Quel désastre que ces tensions ethniques ! Comment aider cet homme, d'une parole, en ne le culpabilisant pas un peu plus ? Comment concilier justice et miséricorde dans cette situation, alors que je tente de le faire dans la dynamique de Dieu et en son nom ? Après des années de recul, je ne sais pas si j'ai bien réagi en lui proposant clairement de se présenter à la justice. Je lui ai aussi réaffirmé combien, malgré tout, il pouvait être assuré de la présence aimante du Christ à ses côtés. Mais restent ces questions : comment vivre avec cela sur la conscience ? Dieu lui a-t-Il offert une grâce ? S'est-il présenté à la justice ?

L'Église estime que la relation avec un accompagnateur, pour nous les prêtres, constitue un socle nécessaire à notre équilibre spirituel et humain.

Au même titre que les amitiés, la famille ou la prière. Je pense que tout cela donne une certaine stabilité à nos vies. Appelons cela de la formation permanente par la rencontre d'un sage ! Bien d'autres propositions nous sont faites tout au long de nos divers ministères. Par exemple, avant de m'occuper des jeunes pendant douze ans à Besançon, on m'a fait remarquer : « Christophe, avec les jeunes, on ne peut pas improviser dans l'accompagnement, au risque de faire n'importe quoi. » C'était une évidence pour l'Église et pour moi aussi. J'ai donc pu partir à Lyon pendant une dizaine de jours pour consolider ma formation au soutien des jeunes. J'étais ensuite prêt à aller à leur rencontre.

# 10

## Partir à la rencontre de l'autre

En France, depuis quelques décennies, je me rends compte que l'on est dans le flou concernant la vie de l'Église – où va-t-on, que faut-il faire ? On voit moins de chrétiens à la messe. Il est peut-être temps d'aller vers eux puisqu'ils ne viennent plus vers nous. D'ailleurs, le pape François nous y invite expressément, nous poussant à sortir de notre zone de confort. Il nous revient de partir à la rencontre de l'autre, de ne plus attendre dans nos églises. Au niveau de nos diocèses, nous sommes tous confrontés aux mêmes situations et devons faire face aux mêmes difficultés. Nous allons donc devoir trouver de nouveaux moyens d'annoncer l'Évangile à ce monde, qui en a bien besoin, j'en suis convaincu. Pour moi, c'est devenu une question majeure : « Christophe, tu es curé, tu t'investis généreusement dans ta mission, tu assures des célébrations, mais concrètement, toi, est-ce que tu annonces l'Évangile avec tes paroles, tes gestes, les rencontres que tu fais ? Et le fais-tu de manière un peu gratuite ? »

Il est vrai que, depuis mon arrivée à Luxeuil, mon désir de retrouver la jeune génération était fort. Tout feu tout flamme, je suis parvenu la première année à mettre sur pied quatre ou cinq fraternités de jeunes couples. J'ai envie de vous faire partager la naissance de la première « frat' », comme on les surnomme. Nous étions à une soirée de préparation au baptême. Face à moi, quatre couples représentatifs de la diversité française : médecin et avocat, militaire et assistante sociale, prof et infirmière et enfin chômeur et femme au foyer. Ces quatre familles font baptiser leur enfant le même jour à la basilique. Ce jour-là, comme à chaque fois, je demande à chacun de se présenter, en prenant son temps. Arrive le tour d'Élodie, la maman du petit Matéo. Celui qui l'accompagne n'est pas le papa biologique mais son nouveau petit ami, que nous appellerons Grégory. Sa sincérité libère la parole, chacun osant révéler ses joies et ses difficultés, les rêves pour son enfant. En tant que simple témoin, j'ai été touché par cette confiance partagée. Ces quatre couples ont vécu une expérience de fraternité chrétienne : ils se sont parlé à cœur ouvert de choses importantes, ont pris le temps de se confier à Dieu. Au moment de nous séparer, Élodie et Grégory ne voulaient pas en rester là : « Nous avons vécu un beau moment, nous vous invitons à dîner chez nous ce soir pour continuer notre échange. » Quand on sait qu'ils vivent dans un modeste F2, on imagine qu'il leur a fallu pousser les murs pour accueillir leurs convives ! La rencontre s'est poursuivie jusque tard dans la nuit, une frat' de jeunes couples était née ! Quatre autres suivront, soutenues par les quatre mêmes piliers : convivialité, échange sur un sujet, solidarité et temps de prière. Grégory et Élodie se sont engagés pendant quelque temps dans la vie de l'église – lui a animé quelques baptêmes grâce à ses talents de guitariste ; en retour, il a été guidé pour l'écriture de son CV par un couple de la frat'. J'ai ressenti une joie réelle d'avoir favorisé l'émergence de cette fraternité de jeunes couples, qui fut profitable à tous. J'y vois une source d'espérance pour l'Église.

Grâce à cette expérience, j'ai réalisé à quel point la vie de l'Église a besoin de gratuité, de spontanéité. Je l'avais en tête lorsque la démarche synodale a eu lieu en 2017-2019. Pour notre diocèse, c'était quelque chose de tout nouveau. Un synode est convoqué par l'évêque dans le but de nous écouter, puis de délivrer des orientations. Pour cela, il consulte simplement des paroissiens, des chrétiens sur le terrain. Une simplicité relative, car cela représente des milliers de personnes. Il a fallu se retrousser les manches pour organiser des petits groupes en paroisse, puis constituer au niveau du diocèse une grande assemblée de trois cents personnes. Après trois jours de travail, quelques belles idées ont émergé, d'intéressantes propositions, et même des décisions qui sont parvenues à faire l'unanimité. Lors de la deuxième assemblée synodale, je me suis trouvé mêlé à un groupe dans lequel j'ai senti qu'il se passait quelque chose de nouveau : quatre ou cinq jeunes y discutaient de la possibilité de former ce que l'on appelle des « disciples-missionnaires », autrement dit de réunir des chrétiens pour les envoyer annoncer Jésus. Il s'agissait de constituer des duos missionnaires, qui partiraient à la rencontre des gens chez eux, sonnant à leur porte, afin d'échanger ensemble, de les écouter, de leur expliquer que l'Église est à leur service s'ils veulent célébrer un baptême, se marier, ou s'ils manifestent un besoin quelconque – l'Église est prête à les accueillir et à parler avec eux de leur foi, de leur athéisme, de leur agnosticisme, de leur religion différente, de tous les sujets qui les concernent. De l'essentiel, en somme.

Nous avons rédigé une belle proposition. Comme toutes celles qui ont été présentées, la nôtre a été soumise au vote des trois cents personnes présentes. Celles qui récoltaient plus de deux tiers des voix étaient adoptées et devenaient des décrets ; entre moins des deux tiers et cinquante pour cent des voix, les propositions obtenaient un statut de simples articles ; certaines, enfin, votées à moins de cinquante pour cent, passaient tout simplement à la trappe. La nôtre a obtenu un modeste vingt ou trente pour cent et n'a donc pas été retenue pour la suite des réflexions. Mais, avant le vote, chacun pouvait s'exprimer. Et à ma grande surprise, une étudiante en pharmacie d'une trentaine d'années s'est approchée et a pris la parole : « J'aimerais témoigner concernant cette proposition, parce que j'en fais l'expérience chaque été. J'ai annoncé la Bonne Nouvelle sur les plages dans la région de Montpellier. Je voudrais dire combien les rencontres que l'on est amené à faire constituent une richesse extraordinaire, combien les gens ont besoin d'être écoutés. On ne peut rêver meilleure opportunité pour témoigner de sa foi en Jésus. On ne sait pas ce qui se passera après dans la vie de ceux que l'on croise, mais c'est un beau cadeau qui m'a été offert. Devenir missionnaire est une très belle manière de vivre l'Évangile, j'en suis convaincue. Nous avons le devoir de sortir de chez nous, de nous affranchir de notre petit confort.» Contrairement au nôtre, des diocèses situés dans le Sud – comme ceux de Toulon ou de Montpellier – prennent énormément d'initiatives dans ce sens. Dans notre région, l'Église a certes une longue tradition de pratique religieuse derrière elle, mais pas beaucoup d'élans de ce type. Quand j'ai entendu cette jeune femme, j'ai compris qu'elle exprimait exactement ce que je voulais faire passer comme message – mieux, ce que je voulais vivre comme prêtre. Je suis allé la voir et lui ai demandé qu'elle m'en dise un peu plus à propos de son groupe et de ses expériences de missions. Intrigué, j'ai voulu savoir quand était prévu leur prochain rendez-vous. Leur mission devait se dérouler au mois d'août et tombait en plein pendant la période de mes vacances. J'étais donc libre et je n'ai pas hésité un instant : j'ai décidé de me joindre à eux.

Ce rassemblement s'est tenu dans la banlieue de Montpellier. Étaient réunis près de deux cents jeunes, venus de partout en France. L'organisation était prise en charge par des chrétiens constitués en association, Anuncio. Une dizaine de prêtres se trouvaient là. Certains comme moi découvraient, d'autres avaient déjà expérimenté ce type d'évangélisation. Et ce n'étaient pas les prêtres qui préparaient les jeunes, mais l'inverse ! J'ai été formé par ces missionnaires habités d'une foi et d'une audace qui impressionnent. Ils avaient établi le même constat que moi, mais dix ans plus tôt ! Relativement peu nombreux au départ, ils se sont multipliés et fédérés. Des prêtres les ont rejoints en cours de route, le mouvement s'est progressivement répandu dans toute la France. On les retrouve à Paris et dans bien d'autres villes de France. Chaque mois, des groupes se réunissent et renouvellent l'expérience, entretiennent le feu sacré : témoigner de Jésus Christ à tous ceux qu'ils rencontrent. Leurs membres prient, partagent leurs repas et accomplissent leur mission.

J'ai été heureux tout au long de cette expérience dans les rues de Montpellier et ses environs. J'ai ressenti ce bien-être si particulier que procure le sentiment de se trouver là où l'on doit être. Ce qui est très surprenant, c'est la capacité dont font preuve les gens à aborder des sujets existentiels, au cours de rencontres qui ne durent parfois pas plus de cinq minutes. Les missionnaires sont bien reçus et cela aussi m'a surpris. L'accueil a été étonnamment bon, probablement grâce à notre manière d'aborder. Nos interlocuteurs comprenaient immédiatement que l'on n'avait rien à leur prendre, rien à leur vendre. Chacun d'entre nous portait un tee-shirt afin d'être bien identifié. De mon côté, j'arborais le col romain[1] : un prêtre, cela peut rassurer – parfois repousser aussi ! Beaucoup accostaient les passants avec cette phrase : « Bonjour, on est chrétiens catholiques, on vient à votre rencontre... » Et d'enchaîner avec une question afin d'entrer rapidement dans le vif du sujet. Comme nous étions en été, celle de circonstance était : « Est-ce que vous vivrez quelque chose de spécial le 15 août ? » Si l'on était passés à la période de Noël, on aurait pu leur demander s'ils avaient eu l'occasion d'entrer dans une église, voir la crèche... De mon côté, je m'adressais le plus souvent à eux avec ces mots : « Est-ce que vous croyez en Dieu ? » Clair et net, on plante immédiatement le décor. Ou bien : « Est-ce que vous êtes chrétien ? » J'ai pu m'entendre répondre : « Ah non, je suis musulman. » Loin de m'arrêter, ce genre de réponse me permettait un dialogue bien plus riche : les musulmans et les chrétiens prient un Dieu unique ! Notre foi transforme notre vie ! Même si nous avons nos différences dans la conception de Dieu, et en particulier sur l'identité de Jésus, la rencontre est souvent empreinte d'un grand respect, à la hauteur de ce Dieu auquel nous croyons. À plusieurs reprises, l'échange a été vraiment beau, aussi bien avec des croyants, quelle que soit leur confession, qu'avec des athées.

1. Habit du prêtre qui permet de le reconnaître. C'est une chemise avec un col blanc. S'il devient plus porté par les jeunes générations de prêtres, certains préfèrent la petite croix, portée sur le pull ou la chemise.

Ces rencontres me nourissent vraiment l'âme et l'intelligence. Cela peut paraître curieux, mais c'est parce que je n'aspire qu'à y échanger. C'est ce qui m'a séduit. Sans rien espérer de particulier, je témoigne aussi de ma foi au Christ vivant dans ce monde par son Esprit Saint. Un exercice auquel je me livre maintenant très régulièrement. Je ne cherche pas à convertir qui que ce soit. Sainte Bernadette à Lourdes affirmait : « Je ne suis pas chargée de vous le faire croire, je suis chargée de le dire. » Je perçois les missions d'évangélisation exactement comme cela. Ne pas avoir d'objectif ne signifie pas que je ne sois pas guidé par un désir, celui d'une rencontre en l'occurrence, mais avec la simple envie de recevoir de l'autre et de lui donner ce que je possède de meilleur. Autrement dit, en termes plus prosaïques, l'envie de partager ma foi. J'ai découvert que cet échange offrait à mes interlocuteurs la possibilité d'exprimer des sentiments – ou des ressentiments – qu'ils n'avaient jamais pu formuler, ou du moins fort rarement. Pour nous, les missionnaires, ces discussions permettent de découvrir le monde dans lequel nous vivons pour en connaître les beautés, les difficultés, les richesses. Elles nous offrent l'occasion de plonger au cœur de la véritable existence de nos contemporains, en somme. Je comprends que tout cela puisse sembler obscur, je le mesure lorsque j'en parle autour de moi : nous vivons dans une société où plus rien ne peut être gratuit, alors c'est difficile à comprendre, je le conçois. Pourtant, je suis intimement convaincu que beaucoup de ceux qui recherchent le sens de leur vie attendent de pouvoir en parler avec quelqu'un. Qui le fera, si nous ne le faisons pas ? Je suis persuadé que c'est une expérience qui pourrait être bénéfique à de nombreux chrétiens. Je crois sincèrement que nous sommes tous habités par la présence de Dieu et qu'il faut surmonter les obstacles pour que chacun puisse entrer en contact avec lui. Comment l'exprimer ? Peut-être avec cette image : le feu ne demande qu'à brûler dans le cœur des hommes, mais il est étouffé par du bois mouillé. Le missionnaire avec son écoute, ses mots et sa foi s'efforce d'écarter l'intrus afin que la question de Dieu réapparaisse dans la vie de tous. En ce sens, je pourrais dire, comme saint Paul s'adressant aux Corinthiens : « Malheur à moi si je n'annonçais pas l'Évangile. »

Je ne suis pas naïf, la tâche est immense et les obstacles de taille. En les identifiant, j'obtiens une première victoire, je peux m'y attaquer. Voici, selon moi, la principale entrave : parler de Dieu reste un sujet tabou dans notre société. Pourquoi ? Sûrement parce que la question de la laïcité est omniprésente et qu'elle est souvent mal comprise. De plus l'image de l'Église a perdu de sa grandeur et sa puissance. La perte de confiance s'est parfois installée. Les affaires qui encombrent les journaux et parfois les tribunaux ne sont pas faites pour la restaurer. Et puis nous est posée la grande question à laquelle il est toujours difficile de répondre : « La foi, à quoi ça sert, à quoi ça *me* sert ? Elle ne m'a pas apporté le bonheur. » Autant de préjugés qui se dressent comme un mur, bloquant le passage vers Dieu, même si certains se fondent sur des expériences douloureuses dont je comprends qu'elles puissent faire douter.

Première étape donc, briser les chaînes des préjugés pour tenter de réhabiliter la question de Dieu, et surtout réaffirmer la présence de Dieu au cœur du monde. En un mot, redonner le goût de Dieu. Mon message pour y parvenir ou tenter d'y parvenir : « Je crois qu'en toi, tu portes déjà les germes, le petit feu de Dieu. » J'installe un climat de confiance pour que l'échange soit possible, face aux chrétiens, mais aussi face à un athée ou un musulman. Dieu, tout le monde peut en parler. J'apporte mon témoignage, l'autre le sien, l'un comme l'autre peut être enrichissant. Il ne s'agit surtout pas de tolérance : je n'aime pas ce mot que je juge trop mou, trop facile. Tolérer l'autre ne me semble pas juste, j'aurais le sentiment de le prendre avec des pincettes ; l'idée relève de la compromission à mes yeux. Je préfère évoquer un respect mutuel. Ce n'est pas tant de l'Église que je veux parler, mais de Jésus, de l'amour de Dieu et de la puissance du Saint-Esprit.

Et c'est avec la tête pleine de ces expériences que j'ai préparé mon projet des « missions-villages » pour rencontrer une petite partie de ce peuple de quarante mille âmes de mon doyenné.

# 11

# Les missions-villages

La jeune femme qui avait pris la parole au cours de notre synode avait créé un groupe d'étudiants missionnaires à Nancy. J'ai pensé que rien ne m'empêchait de l'imiter et d'en faire autant dans mon doyenné. Même si on y compte peu d'étudiants, d'autres paroissiens pourraient se joindre à nous. Avec ce projet, je me donnais les moyens de prolonger l'expérience vécue avec Anuncio.

La mise en place des missions-villages a constitué une étape importante dans ma vie de prêtre. J'allais pouvoir enfin annoncer l'Évangile en dehors des sentiers battus et rebattus. Pour la première mission que j'ai organisée, j'étais accompagné d'Olivier, un jeune chrétien à la foi bien ancrée. Nous sommes partis pour quatre jours, partageant notre temps entre quatre villages, nous rendant au-devant des habitants de mes paroisses. Au total, nous avons expérimenté près de quarante rencontres, avec beaucoup d'échanges profonds. J'ai toujours appelé de mes vœux une Église faite de chrétiens qui se déplacent aux périphéries, une Église qui sorte de sa zone de confort, en somme. J'y étais. Enfin, pourrais-je ajouter.

Pour ne pas nous sentir trop encombrés et passer par la « route étroite » que recommande l'Évangile, nous avions décidé de sillonner la région à vélo et de vivre de la mendicité. La sobriété absolue, la sobriété heureuse, pendant quelques jours. La prière a été le fondement de notre mission, l'Esprit Saint invoqué est celui qui nous a conduits.

Une des plus belles rencontres commence devant une maison aux volets clos. Pas de voiture devant le garage. Nous remarquons cependant un volet entrouvert. Olivier et moi échangeons un regard sans prononcer un mot. Nous nous sommes compris, il se dirige vers la porte et sonne. Ce qui semble être une ado ouvre un peu plus grand le volet et nous interpelle avec ces quelques mots : « Bonjour, vous voulez quoi ?

— Juste échanger avec toi et tes parents sur Dieu. »

La jeune fille est seule, mais notre présence ne l'effraie pas. Elle descend nous accueillir. Apparaît Bélina, treize ans, visiblement prête à l'échange. Elle nous annonce immédiatement avoir été baptisée un an auparavant, lors de la veillée de Pâques. Elle aurait voulu recevoir ce sacrement quand elle avait sept ans, mais sa maman lui avait répondu : « Tu choisiras quand tu seras grande. » De la cérémonie, elle se souvient du moment où l'eau lui a coulé sur le visage : un beau moment de grâce où elle s'est sentie envahie par l'amour de Dieu. Elle nous dit aussi que pour elle la prière n'est pas évidente, d'autant plus que les signes de Dieu sont, dit-elle, difficiles à percevoir. Elle nous raconte qu'au catéchisme, ses copines voient l'œuvre de Dieu dans la nature, la Bible, la messe... Mais elle ne ressent pas cela, elle n'a pas reçu de signe convaincant de Dieu. « Notre présence à tous les deux n'est-elle pas la marque de Dieu qui vient à ta rencontre ? Et puis, inversement, n'es-tu pas toi aussi un signe de Dieu pour Olivier et moi-même ? » Notre échange s'achève en remettant une petite croix à Bélina, avant un temps de prière : « Seigneur, nous te rendons grâce pour cette rencontre. Tu vois Bélina et sa famille. Seigneur, nous te le demandons, permets à Bélina de voir les signes de ta présence dans le monde qui l'entoure et en elle. Toi qui as choisi le baptême pour faire de nous tes enfants bien-aimés, donne à Bélina la joie des baptisés, la joie de témoigner. »

Une belle illustration de ce que peut être une mission. Nous avons réussi à mettre un peu de bois et nous avons soufflé sur la foi de Bélina. Personne n'attendait rien, et pourtant tout est devenu possible. Quelque chose de Dieu s'est manifesté. C'est peu, mais ce peut être un début. Si résultats il y a, ils se résumeraient à avoir laissé une trace dans le cœur des personnes rencontrées et dans notre propre cœur. Disons que ces petits événements permettent au Royaume de Dieu[1] de

1. Le Royaume de Dieu est un concept théologique qui est présent dans les textes bibliques. C'est une réalité présente d'une part et une promesse d'autre part. Avec Jésus de Nazareth s'ouvre effectivement

prendre racine. Dans ces moments, oui, notre foi en Dieu et en l'homme grandit. Je pourrais aussi évoquer l'exemple de cette femme qui m'a annoncé qu'elle avait décidé de revenir à la messe après une rencontre extraordinaire avec mes missionnaires.

On le voit, l'accueil, quel qu'il soit, est globalement bon. Il n'y a qu'une chose qui peut nous faire du tort lorsque nous frappons à la porte des habitants, c'est d'être confondus avec des membres d'une secte. J'en ai fait les frais ! Ainsi un jour, une personne nous a claqué la porte au nez. Deux jours après, elle s'est souvenue que les habitants avaient été prévenus de notre passage. Elle en a parlé avec le maire, qui le lui a confirmé. Elle s'est excusée. Peut-être la recroiserai-je un jour ? J'ai toujours pris la précaution de m'annoncer en tant que curé de la paroisse, mais cela ne suffit pas toujours à vaincre certains a-priori. Je n'ai pourtant jamais ménagé mes efforts, mes explications, mais certains restent méfiants. Fort de mon expérience et pour que nos missionnaires puissent être correctement identifiés, nous avons investi dans des polos bleus, sur lesquels a été brodé un homme semant des petites croix, avec le logo de notre doyenné. Le message est plus clair.

Ces expériences me réconfortent et me font croire qu'un monde meilleur est possible, que Dieu se

---

la perspective d'un Royaume de Dieu dont tous les hommes sont appelés à être membres. C'est la finalité de notre histoire.

manifeste dans la rencontre. Elles restent modestes, mais significatives. Elles nous font avancer sur le chemin de la plénitude. La complète plénitude arrivera plus tard, à la fin de ce monde. Nous serons alors tous en Dieu, c'est le sens de l'espérance chrétienne. Et la plénitude terrestre ? Cette question m'est souvent posée par ceux qui doutent. Je pense que l'on ne retirera pas la maladie et la souffrance de la condition humaine, et si l'on est réaliste, je ne vois pas comment on pourrait empêcher ni régler toutes les difficultés que connaît notre monde. La crise de la Covid nous a rappelé notre finitude d'une manière violente. Mais nous pouvons progresser, il y a de la marge, l'homme a fondamentalement été créé pour le bien, et non pas pour les biens ! Dans notre monde matérialiste, le danger est là. Un de mes amis évêque le résumait ainsi dans sa carte de vœux : « Moins de biens, plus de liens. » Je dirais même : moins de biens pour le bien ! L'harmonie, si elle doit advenir, passera par un monde réconcilié avec Dieu parce que, selon moi, l'homme ne possède pas les forces nécessaires pour y arriver seul. Si l'on se place à petite échelle, l'homme peut espérer obtenir des résultats. Si l'on pense au niveau planétaire, nos chances de réussite ne peuvent passer que par Dieu. Dieu comme rempart aux ravages de la mondialisation ! Ce qui ne nous réduit pas à l'impuissance, bien au contraire. Nous pouvons tous apporter notre contribution. J'aime bien dire à mes paroissiens : « Si chacun d'entre vous allait rendre visite à un malade, le monde irait mieux. » Ce n'est pas grand-chose quand on y pense. Le fait-on ? Non, pas tous, malheureusement.

Alors la plénitude est-elle à notre portée ? Je n'ai pas de vision à assez long terme pour répondre. Je peux simplement dire à ceux qui en doutent que l'Église a aussi pour mission de rendre meilleure la vie terrestre. Le contraire serait épouvantable. La souffrance n'est pas le médium pour aller vers Dieu ; d'ailleurs, Jésus a toujours soulagé les plus fragiles. Son intention n'a jamais été de vivre dans la puissance ou la force, mais bien dans la sobriété et la non-violence. Moi aussi je défends la sobriété, c'est pourquoi je crois à la sobriété heureuse défendue par Pierre Rabhi[1]. Une société qui produit peu, mais qui le fait dans la joie !

Une autre rencontre me vient à l'esprit. J'étais accompagné ce jour-là d'une paroissienne. Nous avons sonné à une porte. Une femme nous accueille avec un bonjour plein d'entrain et un sourire bienveillant. Nous nous présentons. Immédiatement, elle nous invite à entrer et nous prépare un café. Nous l'écoutons, c'est une ancienne institutrice, séparée de son mari. Douée d'un tempérament artistique, elle joue du piano, se passionne pour les chevaux. De nombreux sujets l'intéressent. À notre tour, nous lui parlons de notre mission. La paroissienne qui m'accompagne

1. Pierre Rabhi est un essayiste, romancier, conférencier, agriculteur et écologiste français, fondateur du mouvement Colibris et figure représentative du mouvement politique et scientifique de l'agroécologie en France.

lui explique comment elle est devenue chrétienne, comment elle a rencontré Jésus, comment sa foi se fait richesse pour défendre le droit des plus petits. Pourquoi elle a choisi de s'engager au Secours catholique, où elle distribue des vêtements, écoute certains, en soutient d'autres par des paroles réconfortantes. Le témoignage est le cœur de la rencontre. Notre échange est riche et notre hôte se définit comme une chrétienne non pratiquante, en nous expliquant pourquoi. Au moment de nous séparer, je lui parle de ce qui la fait visiblement vibrer, la musique, ce qui nous permet de nous rapprocher. Je lui propose de prier ensemble, elle accepte, et je lui pose une condition : je lui demande de nous interpréter un morceau de musique. Je la sens réticente, hésitante, mais elle finit par dire oui, et je suis ravi qu'elle accepte de nous faire profiter de son talent. Nous vivons une belle prière partagée, et comme il est midi, je me surprends à l'inviter à déjeuner avec nous, et pas n'importe où : chez une paroissienne qui m'a elle-même convié à sa table. C'est de cette manière que je conçois la mission, en me déplaçant léger pour pouvoir improviser selon les situations. À la fin du repas, sentant son intérêt pour l'art sous toutes ses formes, je la convie à la basilique de Luxeuil, dont les œuvres d'art et les statues ont été inventoriées peu auparavant. J'ai cueilli le fruit de ma mission : une belle rencontre où le nom de « Jésus » a pu être prononcé, où une porte sur la foi s'est ouverte.

L'enrichissement est souvent mutuel au cours de ces rencontres – comme lorsque j'ai croisé un jeune garçon au pied d'une église, la trentaine, boucle à l'oreille, qui travaillait dans la région. Il était accompagné d'un chien. Petite précision, je crains ces animaux. Enfant, en effet, alors que je jouais avec un camarade, je l'ai vu se faire attaquer, et depuis j'en ai peur. Lors de mes footings, ils se montrent friands de mes mollets, et quand j'en vois un, je m'éloigne… Mais ce jour-là, fort heureusement, j'étais derrière une barrière. Entre le jeune homme et l'animal, j'ai immédiatement senti que le lien était fort. Pour moi, jusqu'à ce jour, amitié rimait avec relations humaines, et je ne m'étais jamais penché sur la question d'une éventuelle amitié entre l'homme et l'animal. Dans la culture judéo-chrétienne, l'être humain est créé à l'image de Dieu, avec des capacités relationnelles particulières. L'amitié est si riche de dialogues ! Et l'amitié humaine me semble tellement irremplaçable qu'être ami d'un animal me semble curieux. Mais bon ! Ne sommes-nous pas tous des créatures de Dieu, invitées à cohabiter harmonieusement sur cette terre ? La vie de saint François d'Assise, s'émerveillant de la beauté de la Création, l'a d'ailleurs mené à une attention toute particulière envers les animaux qu'il appelait « frères[1] ». Concernant l'homme rencontré, il faut préciser qu'il m'a confié sortir d'une relation amoureuse douloureuse, et que

1. Saint François d'Assise est appelé le Saint aux oiseaux, ceux-ci venant manger dans sa main. Son amour extraordinaire des animaux est attesté dans de nombreux *Fioretti* : oiseaux, poissons, fourmis, abeilles, lapins, agneaux et même un loup qui terrorisait les habitants de Gubbio.

ses relations d'amitié s'étaient révélées décevantes. Encore une rencontre riche, permettant un débat intéressant sur cette question, en n'oubliant pas que pour les chrétiens, Jésus est notre ami.

Toutes ces expériences voient le jour grâce au concours des mairies. Je tiens à le souligner parce que l'on pourrait croire que nous appartenons à deux mondes opposés. Pas du tout. Je les contacte toujours avant chacune de mes missions, leur demandant de m'aider à communiquer auprès de leurs administrés. Les réactions sont généralement chaleureuses, parfois même enthousiastes au-delà de mes espérances. Les édiles font passer le message en placardant le programme des festivités et l'heure de la célébration de la messe sur les panneaux d'affichage municipaux. Plus étonnant, une fois sur deux, ce sont les maires eux-mêmes qui se proposent de déposer le programme dans les boîtes aux lettres, non pas forcément parce qu'ils sont catholiques, mais parce qu'ils veulent eux aussi recréer du lien social dans leur village. Ils ne cherchent pas à nous faire plaisir, mais ils prennent le risque de communiquer sur notre venue parce qu'ils nous font confiance. Nous savons écouter l'autre et entrer en dialogue avec lui. Je suis ainsi souvent encouragé par ceux qui nous accueillent à prendre un café avec leurs voisins, pour partager ne serait-ce qu'un moment. Tout devient différent quand on prend le temps de s'asseoir autour d'une table, cela n'a rien à voir avec les quelques mots échangés au coin de la rue. Face aux expériences de solitude douloureuse, j'encourage les rencontres au sein du bourg, en créant par exemple un petit groupe de joueurs de cartes, ou en constituant une association. C'est ma mission de curé de campagne : créer du lien ! Et les maires se débattent eux aussi pour faire vivre ce lien. Nous n'avons aucune raison de nous ignorer, nous poursuivons le même objectif.

Ces missions, je peux en mesurer les bénéfices, même s'il ne s'agit pas d'en établir un bilan chiffré, parce qu'on ne quantifie pas les questionnements sur l'existence de Dieu ou encore la confiance que nous lui accordons. Nous parvenons simplement à ouvrir une brèche dans le cœur de ceux que nous avons rencontrés, et permettons peut-être à certains de sortir de leur solitude. Ce sont, pour nous les missionnaires, quelques jours de joie, marqués par la prière ardente et une vie fraternelle. Je mène dorénavant ces missions à un rythme régulier, à chacune des vacances scolaires, qui sont des moments où je suis plus disponible, moins sollicité par l'ordinaire.

Ma grande fierté est de constater que de plus en plus de chrétiens cherchent à me rencontrer pour me parler de ces missions-villages – peut-être un jour s'en inspireront-ils pour les mettre en œuvre dans leur doyenné. Il y a même mieux, des chrétiens de tous horizons demandent à pouvoir y participer. Alléluia ! C'est la plus belle des victoires, le principe de la mission étant d'écouter et de proposer sans contraindre. De faire passer le message en douceur. Je me considère d'ailleurs comme un « copieur d'innovation ». Car, je ne vous le cache pas, cette nouveauté est vieille de deux mille ans, puisque Jésus lui-même a envoyé ses disciples : « Il les envoya deux par deux, en avant de lui, en toute ville et localité où lui-même allait se rendre. [...] Ne portez ni bourse, ni sac, ni sandales, et ne saluez personne en chemin. Mais dans toute maison où vous entrerez, dites d'abord : “Paix à cette maison.”[1] »

À mon tour, je fais passer le message : « Devenons des disciples-missionnaires. » Il est malheureusement parfois oublié par notre Église et je souhaiterais le voir revenir en force. Je suis ainsi prêt à initier d'autres personnes à mon tour, dans une logique de partage d'expérience. Une initiative pastorale comme celle-là permet, je le crois, d'ouvrir de nouveaux chemins, de sortir de leur isolement ceux qui en souffrent. Le confinement nous l'a douloureusement rappelé. Je me demande si la solitude extrême n'aura pas plus tué que le virus lui-même.

1. Évangile selon saint Luc, chapitre 10, versets 1 à 5.

# 12

# « La solitude, ça n'existe pas » ; le célibat non plus ?

Gilbert Bécaud l'a chanté, la formule est belle, mais la réalité est forcément plus nuancée. D'ailleurs, ne dit-on pas, à juste titre, qu'il y a la solitude bien vécue et celle mal vécue ? À quoi ressemble la mienne ? me demande-t-on fréquemment. Une curiosité, je le sais pertinemment dès lors que l'on me pose cette question, qui en cache une autre, sur une réalité bien plus étrange aux yeux de mes interlocuteurs : celle du célibat. Mais, pour moi, la question de la solitude est plus pertinente que celle du célibat.

Je ne vais pas jouer les bravaches, la solitude peut parfois me peser, même si j'ai plutôt tendance à dire qu'elle m'est plus nécessaire que difficile à vivre. Du mardi au dimanche midi, ma vie sociale est débordante, pleine d'activités, d'échanges, de mouvements. J'évolue dans un tourbillon d'émotions, de rencontres joyeuses, parfois de drames. Ma récente formation en management m'a permis de comprendre combien il était nécessaire de m'accorder des moments de détente, de me réserver des pauses, sans rendez-vous, pour faire place à l'imprévu. Je vois bien qu'avec un rythme trop dense, le stress est là, et la disponibilité pour la rencontre devient difficile. Je bataille contre cette maladie des temps modernes. La période du confinement a eu du bon de ce point de vue-là. J'ai, comme d'autres Français, retrouvé les plaisirs d'une certaine lenteur, mon état s'en est ressenti, j'étais plus détendu, plus disponible. Aujourd'hui, j'essaie de maintenir plus ou moins le même rythme, en prenant le temps de m'asseoir avec un paroissien qui passe, en acceptant un café, en discutant tranquillement à la fin d'une réunion. En me posant cette question du temps, c'est la recherche d'une vie suffisamment paisible que je poursuis.

Je mets à profit mes dimanches et lundis de repos pour appliquer mes bonnes résolutions. Ils agissent comme une piqûre de rappel lorsque je me laisse rattraper par mes mauvaises habitudes – courir, courir encore. La détente, le sport, la nature m'offrent ce que je n'ai pas goûté en semaine. J'aime alors contempler la Création, m'émerveiller, écouter un oiseau chanter, regarder pousser les fleurs de mon poirier dans le jardin.

D'un côté, ma passion de la rencontre, le désir d'annoncer Jésus-Christ, la volonté de vivre dans une Église ouverte me poussent à déborder d'activités. De l'autre, la prière, les célébrations, les vacances ou les retraites spirituelles me procurent une profonde joie, et sont nécessaires à mon équilibre. Je connais la joie d'être donné aux autres au nom du Seigneur Jésus-Christ, car mon action me permet d'accompagner l'Église dans ses changements.

Ainsi naissent de nombreuses initiatives comme les messes-autrement, les missions-villages, les après-midi miséricorde, que j'ai évoquées plus haut. Depuis mon arrivée à Saint-Sauveur, je m'efforce de créer des rendez-vous plus adaptés à la réalité d'aujourd'hui, tout en ayant conscience que ces changements supposent une évolution des mentalités. L'Église doit aller de l'avant, mais cela ne se fera pas en un claquement de doigts. Il faut le temps de la maturation : celle de la réflexion des équipes de baptisés avec qui je collabore, ou celle de mes propres intuitions. « Il y a un temps pour tout, dit Qohéleth dans la Bible, et un temps pour chaque chose sous le ciel : un temps pour donner la vie, et un temps pour mourir ; un temps pour planter, et un temps pour arracher[1]. » Pour moi qui peux me révéler impatient, j'en éprouve quelque frustration, particulièrement au cours des réunions où nous nous perdons en palabres, hésitant sur la décision à prendre.

Concernant les projets novateurs, ceux pour lesquels nous sommes inexpérimentés, je me fie à mes intuitions. Lorsqu'elles arrivent à maturité, qu'elles ont été discutées, je me lance en y associant des personnes motivées. C'est, je le crois, un de mes traits de caractère que d'oser avec d'autres. Cela n'est pas toujours compris par tous, mais faire advenir le Royaume nécessite certaines audaces. En somme, si je dois

1. Livre de l'Ecclésiaste, chapitre 3, versets 1 et 2.

résumer en quelques mots, je vis ma mission de prêtre à la manière d'un éclaireur chargé de montrer la lumière d'espoir ! Je veux continuer de faire vivre notre Église dans l'espérance, comme elle le fait depuis deux mille ans. Cela suppose bien sûr de la détermination, mais aussi l'acceptation de ne pas tout maîtriser. Le berger, c'est Dieu lui-même, qui conduit son Église dans une mutation profonde. « Nous sommes un peu comme Abraham, le père des croyants, nous avançons sans connaître la terre où le Seigneur nous conduit », disait Monseigneur Jean-Luc Bouilleret dans sa lettre pastorale de 2016. Cela reste plus vrai que jamais !

Toutes ces obligations rendent absolument nécessaire la solitude, celle que je choisis, celle qui me permet de retrouver celui que je suis vraiment, pour ne pas me perdre en chemin et garder une saine distance de jugement. Si je n'avais plus ma journée de solitude dans la semaine, comme beaucoup de prêtres le lundi, je ne me sentirais pas bien. Elle m'est indispensable. D'autant plus que, pour moi, solitude rime avec sport. Marcher, courir, faire du vélo, voire aller skier sont absolument nécessaires à mon équilibre. Pour mon corps, pour mon âme. Le sport me vide l'esprit, me donne l'occasion d'évacuer les tensions, les frustrations. Aux yeux de certains, cela pourrait plus ressembler à un moyen de s'extraire de mon quotidien de prêtre qu'à de la véritable solitude. Cela en constitue les prémices.

Les visites que je rends à mes parents à Vesoul ou à mes frères et leurs familles participent elles aussi de ces instants essentiels au ressourcement. Elles me permettent d'appuyer sur « pause ». Chacun possède sa façon de vivre la solitude et, de temps en temps, il m'arrive aussi de pousser l'expérience un peu plus loin, en changeant quelques-unes de mes habitudes. Pendant longtemps, j'ai passé une partie de mes vacances à accompagner des groupes de jeunes ou d'amis à l'étranger. Ces derniers temps, je ne le fais plus, j'apprécie de partir quinze jours avec mon seul vélo. Et je n'ai vraiment pas envie de rencontrer qui que ce soit. À mon retour, cette course en solitaire a tout remis en place dans ma tête, mes idées sont plus claires. En 2018, j'ai ainsi rejoint le lac de Constance en Allemagne depuis Saint-Sauveur, en suivant les berges du Rhin. Ce long moment en été fait partie du mois de vacances annuel dont les prêtres bénéficient. En outre, je m'accorde quelques jours après la Toussaint, Noël et Pâques pour retrouver la famille ou le silence d'un lieu spirituel. Habituellement, en février, je goûte la neige pour une semaine dans les Alpes, ces dernières années sur le domaine d'Avoriaz avec une bande d'amis. À ces moments-là, je confie la paroisse à la déléguée pastorale, assistée d'un prêtre du doyenné qui peut répondre aux demandes de sacrements.

D'autres instants de solitude sont tout aussi, si ce n'est plus, nécessaires à mon équilibre : je pense aux temps de prière que je m'accorde quotidiennement.

Si je n'ai pas ce moment-là tous les matins, je suis moins bon, moins confiant dans la journée. C'est mon temps de respiration spirituel pendant lequel je laisse Dieu me parler pour que tous mes soucis s'apaisent. Ce n'est que comme cela que je peux sereinement entamer ma journée. C'est curieux de vous parler de solitude alors que je suis en présence de mon Dieu ! Comme on dit en Franche-Comté, on est « tout seul les deux » ! Cette respiration prend toute sa mesure à l'occasion d'un événement annuel : la retraite spirituelle. Loin d'être un ancien à la retraite (qui n'arrivera que vers soixante-quinze ans pour nous, clercs), comme tous les prêtres, je prends une semaine de ressourcement dans une abbaye pour prier, retrouver le Seigneur autrement, loin des réalités paroissiales. J'apprécie particulièrement l'abbaye d'Acey (Jura), où je retrouve les moines cisterciens depuis bien longtemps, ou encore le monastère de clarisses posé sur la colline de Notre-Dame-du-Haut, site remarquable du Corbusier à Ronchamp, à une demi-heure de chez moi. Un peu plus loin, en Saône-et-Loire, j'aime beaucoup le carmel de Mazille, mais aussi la communauté de Taizé, haut lieu spirituel de mes années étudiantes. C'est là sans aucun doute mon coup de cœur ! J'y retrouve le grand silence et la simplicité pour le cœur à cœur avec le Seigneur. Une respiration indispensable.

Certains me demandent parfois si je me sens seul, si j'aimerais avoir quelqu'un sur qui m'appuyer, ce qui n'a rien à voir avec la solitude telle que je l'ai évoquée plus haut. Je sais bien que derrière cette interrogation, on s'intéresse plus au sujet du célibat qu'à celui de la solitude.

La question du célibat se pose à tous les prêtres, aucun ne peut la nier, l'éviter, sauf à faire preuve de mauvaise foi. Je me la suis posée en termes de : « Comment bien le vivre ? » ou bien : « Quel sens a-t-il ? ». Mais jamais au point d'envisager de quitter mon ministère. Ma vie donnée au Christ et à l'Église, je ne l'ai jamais remise en cause. Il me semble, autant que je puisse en juger, que je vis plutôt bien le célibat. Je me sens aimé, reconnu dans ce que je vis, et j'essaie à ma manière d'offrir cet amour qui vient de Dieu autour de moi. Ce qui peut me poser un problème, c'est le sentiment d'être quelquefois en décalage avec le reste du monde. Cet écart, il m'arrive de le ressentir aux moments les plus banals de mon quotidien. Par exemple, s'il me prend l'envie d'aller rendre visite à des amis un soir de la semaine, je ravale vite mon enthousiasme, ils ne sont généralement pas disponibles. Ils sont libres le week-end, mais moi, le samedi et le dimanche matin, je travaille. Le dimanche, je ne retrouve ma liberté de mouvement qu'à partir de quinze heures et, généralement, je suis lessivé par ma semaine et par les célébrations du week-end. Quand bien même me trouverais-je en capacité d'entreprendre quoi que ce soit alors, je serais aussitôt confronté à un autre scrupule, celui de les gêner. Je sais bien pourtant qu'ils m'accueilleraient avec joie au sein de leur famille. Alors, est-ce que je regrette de ne pas avoir fait le choix de la vie de couple et de ne pas avoir fondé un foyer? Non, en toute franchise. Quand j'ai dû réfléchir à cette question, il m'est apparu clairement que deux chemins de bonheur m'étaient offerts. Mais l'un répondait profondément à un appel; Dieu m'attendait, et là s'est dessinée ma priorité, comme la vie de couple et de famille doit être une priorité pour celui qui l'embrasse. Je n'évoque pas le sujet sans savoir de quoi je parle. J'ai vécu plusieurs expériences amoureuses, lorsque j'étais étudiant, et même une relation assez sérieuse pour l'une d'entre elles, juste avant de partir en Inde. Avec elle, tout était possible, tout était ouvert. Mais au bout d'un an, moi totalement à l'est et elle à l'ouest, si l'on peut dire, les choses n'ont pas tenu sur la durée. Depuis cette expérience et mon entrée au séminaire, je n'ai pas ressenti le besoin d'une présence féminine quotidienne à mes côtés.

Une vie de célibat, pour aimer plus largement et autrement, revêt pour moi un sens profond, même si beaucoup ont du mal à le comprendre. Mais la question n'est pas tant d'être célibataire, elle est de vivre les relations humaines dans une démarche de chasteté. La chasteté au sens large est bien un sujet! C'est un théologien moraliste, le père Xavier Thévenot, qui m'a permis de mieux assumer mon choix. La chasteté, selon lui, s'exprime par la capacité d'une personne à entretenir avec les autres, hommes ou femmes, une relation équilibrée en maintenant une juste distance. Autrement dit, d'un côté il ne faut pas se protéger de l'autre, parce qu'il m'agresserait, en se repliant sur soi ; de l'autre il ne faut pas l'étouffer, l'enfermer, voire le manipuler parce qu'on l'aime. Il est important de chercher la juste distance, la juste relation avec lui. Voilà ce qu'il définit comme la chasteté. Ce n'est pas le sens commun que l'on accorde à ce mot, que l'on résume à l'abstinence en termes de relations sexuelles. Pour les chrétiens, c'est bien plus large. Il ne s'agit plus de sexualité réduite au corps à corps, mais de sexualité au sens large. Cette chasteté-là constitue un défi pour tous les chrétiens, quelle que soit la manière dont ils ont choisi de la vivre. C'est donc aussi le défi de ceux qui se marient : aimer sa femme sans l'enfermer, ou sans se braquer avec elle pour ne pas aliéner sa propre liberté, en respectant la bonne distance dans la relation. Nous avons beau aimer l'autre, il reste un autre que nous devons respecter, laisser libre. Dans ma vie de prêtre, j'essaie aussi de vivre au quotidien ce type de relations chastes avec ceux que je rencontre, avec les paroissiens, en cherchant à ajuster mes comportements. Ai-je été intrusif dans la vie de l'autre ? Ou au contraire indifférent ? L'ai-je respecté en prononçant telle phrase ? Ai-je pris le temps de vérifier qu'il répondait librement à mon appel pour telle ou telle mission ? Je ne peux me prévaloir d'un quelconque privilège ou de quelque droit de domination. La chasteté impose l'égale dignité pour tous. Elle répond à la question de l'attitude juste.

Mais je ne veux pas éluder la question de la sexualité. Dans un couple, elle traduit à la fois la proximité des corps et celle des âmes. Nous prêtres, nous n'adoptons pas la même démarche. La proximité, nous l'établissons avec Dieu, et nous sommes donc amenés à partager autre chose, comme la prière du matin, lorsque nous sommes avec lui. Renoncer à une sexualité active est une décision réfléchie que j'ai prise en toute conscience, mais cela ne me transforme pas en un être asexué. Je reste un homme, avec des sentiments, des désirs. Au cours de l'année de propédeutique qui a précédé mon entrée au séminaire, j'ai effectué une retraite spirituelle au cours de laquelle je me suis posé la question fondamentale qui m'habitait. Pour moi, comme pour beaucoup d'autres, ce fut celle du célibat. Je me la suis posée en termes très clairs : « Suis-je fait pour le célibat ou pour le mariage ? Arriverai-je à vivre le célibat de manière heureuse, à le concilier à une vie de prêtre ? Si je deviens prêtre, je ne pourrai plus engager de relation amoureuse. » Il allait falloir apprendre à gérer le sentiment amoureux autrement. Mais n'est-ce pas aussi ce qu'accepte toute personne mariée, au moment même où elle s'engage dans la vie de couple ? Sa promesse implique le renoncement à toute autre relation amoureuse. Mon choix de vie comme prêtre est peut-être un peu plus radical, la réponse doit nécessairement être encore plus réfléchie, plus forte. Lors de la retraite spirituelle, j'ai pu m'adresser à Dieu de nombreuses fois, parce que nous consacrons beaucoup de temps à la prière.

Est arrivé le moment où la question a basculé. J'ai cessé de me demander si je voulais devenir prêtre ou si je préférais me marier, j'ai reçu cette certitude profonde, très libératrice – Dieu me disait : « Quoi que tu fasses, l'important, c'est d'aimer à fond celui avec qui tu t'engages, ce pour quoi tu es envoyé, cela te rendra heureux. Si tu es un homme marié, pas de problème, si tu es prêtre, pas de problème non plus. » Il y avait deux bons chemins, Dieu me demandait de décider du mien, sans me juger et en m'assurant de son soutien. Par conséquent, le célibat n'était plus le critère décisif. Il s'agissait plutôt de parvenir à savoir où se trouvait mon désir profond et quelle décision me rendrait le plus heureux. La réponse est alors devenue évidente, j'ai tranché sans plus hésiter, j'ai fait ce choix clair et net d'une vie de prêtre. Arrivé à ce stade-là, je sentais qu'il fallait que je me consacre complètement à un peuple, je me sentais capable d'aimer tous les membres de la communauté, celle des hommes, sans distinction. Alors que la vie de couple consiste d'abord à aimer sa femme et ses enfants, puis aimer les autres. Moi, j'ai pris une autre décision, je me suis fixé des priorités différentes : je me consacre à Dieu et aux autres, rien qu'aux autres. Dans ce sens-là, je suis radical. Je ne veux pas faire les choses à moitié. Et je ne le regrette pas. Aujourd'hui encore, j'approuve mon choix, parce que, selon moi, l'amour est universel. Celui que je cherche à partager est destiné à tous. Il y a tellement de gens qui se retrouvent seuls, aimés de personne, je suis là pour eux. Ils me le disent d'ailleurs. Toutefois, je n'établis aucune échelle de valeur : un amour universel comme celui que je cherche à donner n'est pas plus fort que celui que s'accorde un couple. Il est différent, chacun est nécessaire, et je me réjouis de voir des familles se construire autour de moi. Le terme qui convient, c'est « autrement ». Les uns et les autres, nous nous y prenons autrement pour aimer, voilà tout. Pour le dire simplement, nous, les prêtres, manifestons notre amour de manière non sexuelle, sans le réduire à un petit nombre de personnes – et nous ne donnons pas la vie.

Pourtant, par ce que je donne en tant qu'homme au nom de Dieu, j'engendre de la vie à ma manière. On pourrait appeler cela une fécondité ou une paternité spirituelle. Elle reste impalpable, contrairement à un enfant en chair et en os, mais elle n'en est pas moins réelle à mes yeux, et surtout aux yeux de Dieu. C'est encore plus vrai lorsque je décide de prendre soin d'une personne en lui accordant un suivi un peu différent des autres. J'ai pu le vivre avec une jeune Arménienne dont je suis le parrain et que j'ai accompagnée pour son baptême. Nous avons noué une belle relation. Ou encore avec ce jeune garçon rencontré à Besançon, il y a une quinzaine d'années. Je peux dire que je vis avec lui une espèce de paternité spirituelle en l'accompagnant, en veillant sur lui. Mais j'ai toujours maintenu une distance appropriée avec ces jeunes. Je ne suis ni leur père ni leur frère, je me contente de partager de beaux moments avec eux : une sortie, une séance au cinéma, une balade.

De manière générale, et bien avant les différentes affaires qui ont terni l'image de l'Église, j'ai privilégié les liens avec des couples de ma génération. Ils sont aujourd'hui pour la plupart parents. J'apprécie de passer quelques jours en leur compagnie, dans leur cadre familial. Je rends grâce pour ces amitiés fidèles. Nous partageons des moments de détente et de bonne humeur qui me font toujours du bien, ce qui ne nous empêche pas de nourrir des échanges profonds. Les abus de pouvoir dans l'Église ont eu pour conséquence de voir certains nous lancer quelques remarques malveillantes, mais là où je vis, elles sont rares. Reste que les prêtres se montrent dorénavant plus vigilants lorsqu'ils se retrouvent seuls avec un paroissien, en laissant une porte ouverte par exemple. Soyons prudents et réalistes, nous ne sommes pas dans le monde des Bisounours. Tout en refusant d'aborder l'autre avec des a-priori ou des arrière-pensées. Voilà.

Évidemment, je viens de parler de ma propre expérience face à la solitude et au célibat. Tout le monde ne les vit pas nécessairement comme moi. Je considère avoir beaucoup de chance : je suis soutenu par un accompagnateur spirituel, je bénéficie de la fraternité des prêtres de mon doyenné, je vis des amitiés profondes, je suis entouré par ma famille et par tous ceux avec lesquels je partage mon quotidien. Je suis heureux de mon statut de prêtre célibataire, il me permet de témoigner de la force de Dieu, de son amour qui accompagne chacun d'entre nous. C'est une grâce, un cadeau.

Malgré cela, je suis convaincu que d'autres modèles pourraient émerger à l'avenir. Je pense à ceux qui souhaiteraient combiner vie de famille et mission de ministre ordonné. Les diacres le vivent déjà réellement, leur témoignage est précieux. Toutefois, tous affirment que trouver l'équilibre relève du défi et réclame de l'audace. Allons-nous donner naissance à de mauvais prêtres et/ou à de mauvais époux ou pères de famille ? Le débat divise les chrétiens du monde entier. Il est intéressant de noter que si les diacres sont nombreux en Europe, ils sont pratiquement inexistants en Inde ou en Afrique.

Une seule chose est sûre : demain, l'Église sera différente.

# 13

## Curé de campagne au XXI^e siècle

Demain, justement, j'y pense souvent, sans renier hier, ni passer à côté d'aujourd'hui. Mais notre futur est un défi, car il nous faut l'inventer, et nous réinventer. Je porte donc des lunettes à double foyer afin de voir aussi bien de loin que de près. Je tente ainsi d'appréhender l'Église telle qu'elle est tout en l'imaginant sur le moyen et long terme, pour lui éviter la sortie de route.

En tant que membre du conseil épiscopal, je profite des retours d'expériences de mes confrères et du point de vue des quatre laïcs qui en font partie (trois femmes et un homme). Une bonne connaissance du terrain est précieuse, fondamentale, elle constitue une source de réflexion et d'inspiration pour conduire mon doyenné. Pour autant, je n'ai aucune légitimité pour dresser le portrait-robot du prêtre de campagne des années à venir. Il y a et il y aura autant de manières de vivre cette mission que de couleurs dans l'arc-en-ciel.

Je vais pourtant commencer par une généralité : le rôle du curé de campagne n'a fondamentalement pas changé depuis deux mille ans ! Il a et il aura toujours les trois mêmes défis à relever : célébrer Dieu avec les fidèles ; annoncer la Bonne Nouvelle à tous ; et se mettre au service des hommes, particulièrement des plus pauvres, comme l'a fait Jésus. Voilà pour le cadre. À présent, si l'on aborde le cœur du sujet, autrement dit le réel, le curé de campagne est un funambule, en permanence en équilibre, tiraillé entre l'envie de maintenir une certaine proximité et l'obligation de mutualiser les tâches qu'il doit accomplir. Comment rester proche des chrétiens dispersés sur le territoire, alors que nous, prêtres, sommes si peu nombreux ? Mieux encore, comment s'y prendre pour rester au service de l'ensemble des habitants de nos paroisses et les accompagner dans les grands moments de l'existence (baptêmes, mariages, funérailles...) ? On le voit, les temps changent, aussi chacun doit s'adapter. Concrètement, les chrétiens doivent se saisir eux-mêmes de leur avenir : le futur de l'Église dépend de leur investissement. Certains le font déjà. Je me réjouis de pouvoir faire confiance à ceux qui s'engagent, qui en visitant les malades de leur village, qui en s'occupant des jeunes d'un secteur, qui encore en préparant les liturgies pour les messes ou les funérailles dans leur paroisse. De notre côté, il arrive que telle ou telle formation soit mutualisée, qu'une réunion rassemble plusieurs paroisses. Les décisions collectives se prennent ainsi plus rapidement. Pas de doute, notre union fera notre force. Notre salut passera par le travail d'équipe. Dans les faits, le prêtre n'est déjà plus celui par qui tout doit passer, celui qui attire tous les regards. Et c'est très bien ainsi ! Les paroissiens doivent dorénavant se serrer les coudes et les prêtres doivent les encourager. Cela me rappelle cette phrase tirée de l'Apocalypse, le livre de la révélation : « Alors j'ai vu un ciel nouveau et une terre nouvelle, car le premier ciel et la première terre s'en étaient allés et, de mer, il n'y en a plus[1]. »

C'est un énorme défi que nous devons relever ensemble. Chaque chrétien devra s'investir, notamment en rendant visite à ceux qui en ont besoin. Certains groupes le font déjà. Cela doit s'intensifier. Mon travail, comme celui de beaucoup de curés de campagne confrontés aux mêmes défis que moi, ne peut plus être de rendre visite à tout le monde, mais de m'assurer que tout le monde reçoit ce dont il a besoin. La nuance est de taille. Bien entendu, je dois continuer de montrer l'exemple, l'idée n'étant pas de tout déléguer puis de me reposer sur mes lauriers ! Finalement, ma mission reste peu ou prou la même, elle sera simplement de plus en plus partagée. Notre diocèse, avec son synode « Osons un nouvel élan, vers une Église disciple-missionnaire », a d'ores et déjà franchi le pas en multipliant les consultations de chrétiens, afin de prendre des décisions souhaitées par tous, en concertation. C'est une bonne chose, l'époque est certes délicate, mais galvanisante aussi. Je trouve le moment beau. Et plein de promesses :

1. Apocalypse, chapitre 21, verset 1.

moins de chrétiens, mais plus convaincus ; des baptisés moins nombreux, mais plus responsables ; des structures allégées et réactives ; une Église plus soucieuse de notre maison commune, la Terre ; une Église moins prétentieuse aussi, plus missionnaire ; une Église, enfin, plus mobile. Je ne vois pas d'autre façon d'avancer, la cohésion des communautés en sortira grandie.

Quoi qu'il en soit, il ne faut pas se bercer d'illusions, le curé de campagne « à l'ancienne », en charge d'un unique village, ne pourrait plus trouver sa place dans le monde tel qu'il est. Les hommes et les femmes ont changé, sont plus éduqués, et donc en capacité d'assumer des fonctions qui pouvaient naguère leur échapper. Et, surtout, ils sont devenus plus critiques, ce qui nous a obligés à nous remettre en question d'un point de vue moral et spirituel tout autant qu'organisationnel. Le revers de la médaille, comme je l'ai déjà évoqué, c'est que je n'ai plus la même connaissance de tous mes fidèles, ce qui représente une source de frustration pour moi comme pour eux. Je suis contraint de l'accepter, mais je n'y suis pas indifférent. C'est pour cette raison que j'ai mis en place les missions-villages, notamment. Une initiative qui ne me dispense pas d'entendre des reproches sur le mode « C'était mieux avant », bien que ces remarques se fassent de plus en plus rares.

Avant, il est vrai, j'aurais moi aussi rencontré moins de problèmes. Je n'aurais pas, par exemple, eu de difficulté à recruter des bénévoles. Aujourd'hui c'est plus souvent le cas, et demain, nous risquons tout simplement de manquer de forces vives, si le trop petit renouvellement par les jeunes générations se confirme. Heureusement, jusqu'à présent, les obsèques n'ont pas eu à pâtir du manque de bénévoles bien formés pour la circonstance. Depuis mon arrivée à Luxeuil, nous sommes toujours parvenus à assurer leur service, même pendant l'épidémie de la Covid, alors que seules dix personnes sur les quarante-cinq formées étaient encore opérationnelles. Que nous réserve l'avenir ? Chaque année, nous préparons des fidèles pour prendre la relève et apprendre à diriger les funérailles, mais plus on avance et plus il s'avère compliqué de recruter. Pourtant, les demandes restent encore fortes dans cette partie de la Haute-Saône. Et elles ne viennent pas uniquement de chrétiens convaincus. C'est aussi vrai pour les mariages. Certains souhaitent s'unir dans une église parce qu'ils veulent faire plaisir à leur famille, parce que la cérémonie revêt un caractère plus solennel, parce que « c'est mieux », disent-ils, mais pas vraiment parce qu'ils croient au Dieu de Jésus-Christ, ni même parce qu'ils aimeraient faire un bout de chemin vers lui. Les deux couples qui préparent ces jeunes candidats au mariage s'en étonnent, mais reçoivent avec beaucoup de bienveillance et d'espérance ces personnes en mal de repères religieux. Quelles que soient ses motivations, je saisis l'occasion pour interpeller chaque couple que je rencontre, le stimuler, lui faire découvrir que son amour trouve sa source en Dieu et que la foi est une ressource précieuse pour la vie à deux. Je sais pertinemment que pour certains mes paroles se perdront dans le vent ; pour les autres, je veux croire qu'ils seront touchés par un mot. Dans ces moments, je sème humblement l'Évangile, sans être capable toujours d'en récolter les fruits. Mais la foi me permet de relativiser : je ne suis qu'un serviteur de Dieu, je fais de mon mieux, puis je m'en remets à lui, en sachant qu'Il me précède toujours dans tout ce que j'entreprends. D'ailleurs, des petits miracles se produisent. Je pense à ce couple qui a vécu un beau cheminement. Madame a demandé à effectuer sa première communion et sa confirmation dans la foulée du mariage. Lui, se définissant comme athée, a commencé par m'interroger sur la Bible, qu'il lit aujourd'hui avec beaucoup de bonheur. Ils ont ensuite choisi de faire baptiser leur petit garçon, ont décidé de suivre des formations sur Jésus ou la Bible, puis se sont engagés comme catéchistes. Un parcours étonnant !

En revanche, s'agissant du Service évangélique des malades (SEM), les bénévoles manquent cruellement. Pourtant cette mission revêt une grande importance. Nous aurions besoin de trois fois plus de bras pour être en capacité d'offrir notre assistance à tous et proposer un service de qualité. Car il s'agit non seulement de rendre visite aux malades, mais aussi aux personnes seules et âgées. Dans notre milieu rural, ces dernières sont, hélas, nombreuses. Je mesure l'ampleur de notre tâche lors des missions-villages, qui me permettent d'établir un véritable état des lieux. Ce qui prouve à quel point le contact direct est important, irremplaçable. Mais même si le diagnostic est bon, nous n'avons pas aujourd'hui trouvé de solution miracle. Je ne perds pas courage, car Jésus disait déjà : « La moisson est abondante, mais les ouvriers sont peu nombreux. Priez donc le maître de la moisson d'envoyer des ouvriers pour sa moisson[1]. » Dans mes prières, je formule la demande de m'envoyer de nouveaux visiteurs. J'ai consulté mes équipes pour envisager la venue de jeunes missionnaires, qui pourraient nous rejoindre sur la paroisse. Des WEMPS[2], qui télétravaillent ou télé-étudient en journée et qui partagent avec les prêtres une vie fraternelle de prière. Le soir et le week-end, ils peuvent soutenir la mission de la paroisse. Je pensais leur proposer de visiter les personnes isolées ou de créer par un autre moyen une proximité avec elles, ce qui pourrait être particulièrement précieux en ces temps incertains où nous faisons l'expérience de confinements.

Finalement, mon rôle de curé de campagne est paradoxal. D'un côté, je constate que j'accompagne une lente et inexorable fonte des neiges de notre Église – mais je préfère parler d'une cure d'amaigrissement : elle se purifie et se recentre petit à petit sur l'essentiel. De l'autre côté, je m'engage à faire croître

1. Évangile selon saint Luc, chapitre 10, verset 2.
2. Week-ends mission prière service : initiative d'évangélisation en milieu rural, qui rassemble des jeunes au service des paroisses rurales.

la foi, l'espérance, la charité sur le doyenné de Luxeuil, en coopérant avec des fidèles expérimentés. Supporter cette tension n'est pas facile, mais mon tempérament optimiste et combatif me sauve de la noyade, il me permet de toujours voir briller une lueur d'espoir, même dans les moments sombres. Plus profondément encore, c'est mon indéfectible foi en la Résurrection qui m'anime. Des difficultés, de la mort, surgira la vie ! Et surtout, je place toute ma confiance en Dieu pour conduire son Église vers demain !

C'est dans la tempête et les moments d'incertitude qu'il faut s'en remettre au Christ. Et relire la Bible : « Survient une violente tempête. Les vagues se jetaient sur la barque, si bien que déjà elle se remplissait. Lui dormait sur le coussin à l'arrière. Les disciples le réveillent et lui disent : "Maître, nous sommes perdus ; cela ne te fait rien ?" Réveillé, il menaça le vent et dit à la mer : "Silence, tais-toi !" Le vent tomba, et il se fit un grand calme. Jésus leur dit : "Pourquoi êtes-vous si craintifs ? N'avez-vous pas encore la foi ?"[1] »

Alors la question n'est pas de se demander si je vais être capable de vaincre la tempête qui secoue l'Église – comment le pourrais-je seul ? Elle est plutôt de savoir si je place ma foi en Jésus pour qu'il mène à bon port notre barque. J'ai décidé de ramer avec lui, si l'on peut dire, car Dieu ne nous sauvera pas sans que nous nous engagions. Voilà l'état d'esprit qui m'habite.

1. Évangile selon saint Marc, chapitre 4, versets 37 à 40.

Et il y a déjà des résultats positifs dans la recherche de cette nouvelle organisation, avec la pastorale des mariages et des baptêmes. À mon arrivée à Luxeuil, il n'y avait plus qu'une précieuse animatrice dans le doyenné pour prendre en charge la préparation à ces sacrements. J'ai donc pris l'initiative de réunir quelques couples plutôt jeunes, qui me paraissaient motivés. Je leur ai proposé de m'assister dans la préparation des mariages ; ils connaissaient le sujet bien mieux que moi, c'était une évidence. J'ai profité de l'occasion pour leur glisser que j'avais aussi besoin d'aide pour les baptêmes. J'ai été bien inspiré, deux couples se sont portés volontaires pour le mariage et trois autres pour le baptême. Morale de l'histoire : osons demander, appeler les plus jeunes à prendre des responsabilités. Tenons-leur un discours enthousiaste et ouvert. Le prêtre n'est pas condamné à subir, il peut agir et alerter les consciences du risque que court l'Église si chacun reste dans son coin. Il faut toutefois sans cesse se remettre à l'ouvrage, car rien n'est jamais acquis. Patience est mère de vertu.

L'avenir de certaines missions est, en revanche, encore bancal. Je pense au catéchisme. Dans le doyenné, on recense environ deux cent cinquante enfants qui suivent ce dernier. Si ce nombre peut sembler important, il est pourtant en constante érosion. Côté encadrement, si quelques paroisses s'en sortent bien et parviennent encore à réunir les équipes nécessaires, avec des jeunes – entre vingt-cinq et cinquante ans –, pour d'autres les choses se déroulent moins aisément, et le renouvellement ne suit pas. Certaines catéchistes, plus âgées, se retrouvent ainsi en difficulté, chahutées, voire carrément « bousculées » par des enfants turbulents. Mon espoir se place du côté des parents, quelques-uns commencent à se mobiliser. En espérant que ça dure ! Nous avons nous aussi une carte à jouer. C'est pourquoi, ces dernières années, les prêtres prennent plus de temps pour rencontrer les enfants le samedi matin. Ces visites leur permettent de mieux nous connaître, de nous poser leurs questions, et elles sont nombreuses ! J'apprécie énormément ces échanges, ils sont pleins de spontanéité et de vérité.

L'avenir reste donc incertain, mais avec l'aide de l'Esprit Saint, notre guide, je suis convaincu que nous allons petit à petit réussir la nécessaire mutation de notre Église. Il nous faut tous réapprendre le sens du partage.

# 14

## Partager pour se rapprocher

Le partage, le maître-mot. D'ailleurs, ce que je cherche par-dessus tout à accomplir, c'est provoquer le rapprochement, croiser les expériences afin de mettre en contact ceux qui ont quelque chose à échanger. Je saisis toutes les occasions pour créer une plus grande communion.

L'année dernière, je suis ainsi allé rencontrer les bénévoles du Secours catholique pour leur proposer de participer au mercredi des Cendres. Ce dernier marque le début du Carême pour les chrétiens, nous vivons alors un temps de prière, de jeûne et de partage. Jésus nous invite sans cesse à mettre en cohérence nos paroles et nos actes ; ce jour-là plus que tout autre, la foi se doit donc d'être transformée en gestes concrets. La prière est stérile si elle ne permet pas un rapprochement bienveillant. Le Secours catholique travaille juste à côté des Restos du Cœur, ensemble ils tentent de répondre aux besoins des plus précaires de notre secteur : distribution de produits alimentaires, de vêtements, écoute, soutien dans les démarches administratives… Nulle discrimination religieuse : chrétiens, juifs, musulmans, bouddhistes, agnostiques ou athées, tout le monde est bienvenu. Ce mercredi des Cendres, donc, nous leur avons proposé de tous nous rejoindre pour la célébration, puis de partager un repas simple et convivial. Habituellement, le menu est plutôt frugal ce jour-là : pain, pomme ou bol de riz. Mais nous avions des invités et avons donc amélioré l'ordinaire, pour favoriser l'échange. Après délibérations, place aux crêpes ! Crêpes au fromage, crêpes à la confiture, crêpes au miel, il y en avait pour tous les goûts. Elles apportent toujours de la bonne humeur et du réconfort, aux petits comme aux grands. Succès garanti. Chacun a pu découvrir la réalité de la pauvreté qui existe parfois au coin de sa rue, sans qu'il le sache vraiment, mais aussi entendre de belles histoires de solidarité, de générosité, notamment le témoignage d'acteurs engagés sur le terrain. Rachid, un assistant social, nous a ainsi fait partager son expérience ; puis une bénévole du Secours catholique a évoqué la sienne. Finalement ils se sont découvert le même sens de l'engagement, la même envie de se mettre au service de l'autre. Les bénévoles ont pu aussi recueillir la parole des personnes qui bénéficient de leur aide et avec lesquelles ils n'ont pas toujours le temps de discuter. Une reconnaissance pour tous, aussi bien pour ceux qui donnent que pour ceux qui reçoivent. L'autre grande victoire de cette initiative est d'avoir réussi à réunir dans notre grande salle paroissiale chrétiens, musulmans, athées. Pour le meilleur. Pour l'échange. En procédant de la sorte, j'essaie de mettre en œuvre le désir d'unité que Dieu souhaite pour les hommes. Oui, Dieu cherche à rassembler l'humanité ; j'aimerais pouvoir en faire autant dans mes paroisses, modestement.

Une autre initiative est née de la même volonté de rapprochement il y a deux ans. Nous faisions le constat que les personnes venant réclamer de l'aide aux permanences de la paroisse n'étaient pas pressées de… repartir ! Elles prenaient le temps de discuter, de nous confier ce qui les préoccupait. Nous les écoutions, évidemment, mais pas suffisamment : souvent âgées, elles avaient besoin de parler plus longuement. Cela confirmait nos craintes, l'isolement fait bel et bien des ravages, particulièrement chez les veufs et les veuves. Des paroissiennes se sont réunies et ont trouvé un moyen de répondre à cette détresse en organisant non pas des face-à-face mais des rencontres à plusieurs. Le « café-frat' » était né. Offrir un temps d'échange autour d'un café, une fois tous les quinze jours. Deux mamies dynamiques et une religieuse de l'Alliance[1] se sont lancées dans l'aventure, encouragées par l'équipe de coordination. Ces moments sont devenus essentiels et, bonne surprise, quelques jeunes de la paroisse se sont aussi mobilisés, faisant souffler un vent de joie au fond de ces cœurs malmenés par la

1. La congrégation de l'Alliance résulte de l'union de sept instituts religieux, décrétée en septembre 2002.

vie. J'encourage bien évidemment cette démarche et la soutiens en y participant dès que j'en ai le temps. Encore un bel exemple de mobilisation de chrétiens qui ont su prendre une initiative sans attendre que je les y invite. Les religieuses ont été décisives dans la réalisation de ce projet ; elles sont un poumon pour nos paroisses, tant du point de vue relationnel que par leurs prières.

Dans les villages, il existe aussi toutes sortes de talents. Des personnes qui auraient des choses à partager, à se dire, mais qui ne se parlent pas, voire qui s'ignorent. Par indifférence ? Par méfiance ? Construire du lien permet de faire naître des projets mais aussi un esprit de solidarité et peut-être, à terme, de véritables communautés. C'est notre objectif à Luxeuil, comme dans le reste du diocèse : créer des petites communautés fraternelles de proximité. Faisons un rêve et projetons-nous en 2025, une échéance que nous nous sommes fixée pour qu'elles puissent s'installer durablement dans le paysage. J'irais rendre visite à ces petites communautés, j'aurais la chance de rencontrer une dizaine de personnes d'un même village réunies pour partager leur vie et leur foi. Si je veux y parvenir un jour, il faut tisser une toile, des liens sociaux, stimuler les gens pour qu'ils apprennent à mieux se connaître, à se respecter et – osons le mot – à s'aimer, à la manière proposée par l'Évangile. Un travail préparatoire qui réclame du temps. Lorsque j'ai vécu en Inde, j'ai pu participer à ce type d'expériences et constater que les résultats étaient bons. Là-bas, à Bombay, l'Église invite les fidèles, particulièrement ceux qui résident dans les bidonvilles ou dans les quartiers pauvres, à se rassembler pour mieux vivre leur foi et exprimer leur solidarité. Dans ces ghettos, sans entraide, les habitants ne parviennent pas à s'en sortir. Lorsqu'ils se battent seuls, leur combat est perdu d'avance, qu'il s'agisse de lutter contre les mafias, de résister aux pressions en tout genre ou tout simplement d'affronter les difficultés matérielles du quotidien.

Cette modélisation sociale et religieuse a été initiée en 1968 par l'Église du Brésil. Elle permet ainsi aux chrétiens de se rassembler pour tenter d'apporter une réponse commune à leurs difficultés, en s'appuyant sur la foi en Dieu. On retrouve ces « communautés chrétiennes de base » sous des formes différentes un peu partout dans le monde ; elles se multiplient et assurent la pérennité du groupe et des traditions. En France, dans nos villages isolés, mais aussi en ville, l'Église aimerait mettre en place une organisation plus ou moins équivalente : on se rassemble, on lit la parole de Dieu, on se rend des services, on prie et on partage ses joies et ses soucis. Des points relais de l'Église en quelque sorte, à l'échelle domestique ! Notre évêque, lors du synode, les a baptisées « petites communautés fraternelles ». Les chrétiens en ont d'ailleurs plus ou moins fait l'expérience lors du confinement, dans le cadre familial. Si nous parvenions à aboutir à un résultat similaire, si modeste soit-il, nous aurions réussi à franchir une étape importante dans notre lutte contre l'éparpillement de nos brebis.

Dans ce nouveau contexte, mon travail, en tant que curé, reviendrait à assurer la fédération de ces soixante-dix petites communautés – autant que de villages dans le doyenné – en les accompagnant et en les invitant à se rassembler plus largement le dimanche pour prier ensemble. Je continuerais, bien sûr, à prendre en charge les tâches qui ne peuvent être déléguées, en particulier les célébrations. Un chrétien simplement baptisé ne peut pas à l'ordinaire diriger la célébration des sept sacrements. C'est une charge particulière attribuée aux prêtres, parfois aux diacres. Dans cinq – vingt ? – ans, peut-être pourrions-nous en être là. Je me rendrais dans un village baptiser les enfants qui auraient été préparés par la petite communauté fraternelle ; je marierais les couples ; je célébrerais le sacrement des malades pour leur redonner force. La catéchèse serait assurée par la communauté elle-même. Je baptiserais les adultes à la veillée pascale. Cette formule permettrait de maintenir une proximité avec chaque quartier, chaque village tout au long de la semaine, mais aussi de faire du rassemblement du dimanche un moment encore plus fort, dans le lieu phare de la paroisse qui aurait été désigné. Proximité et rassemblement seraient honorés. On en est encore loin, mais j'y crois, puisque des choses se mettent d'ores et déjà en place à l'heure où j'écris ces lignes. En septembre dernier, nous avons ainsi organisé une première rencontre réunissant les villages volontaires.

Pour encadrer ces petites communautés fraternelles, des prêtres, des religieuses ou des chrétiens volontaires. Ils seraient chargés d'en suivre une ou plusieurs et seraient préparés pour apprendre à les accompagner dans la joie de l'Évangile. Pour en assurer la bonne marche, des capitaines ou animateurs de communauté seraient désignés pour se porter garants de la qualité des échanges et faire remonter les difficultés si nécessaire. Certains apporteraient un savoir-faire grâce au chant; d'autres la capacité de faire grandir les enfants dans la foi; d'autres l'exercice de la charité envers les plus pauvres; d'autres encore la sensibilité à la préservation de la planète, afin de favoriser la communion entre tous. Je suis persuadé que c'est une des clés pour créer de nouveaux espaces où la foi et la vie s'interpellent mutuellement. Beaucoup d'idées sont sur la table, beaucoup de questions se posent aussi. L'une est résolue : la cogestion, la synodalité[1], où chacun apporte sa pierre, est incontournable. Saint Paul rappelle l'importance de cet équilibre aux chrétiens de Corinthe : « Or, vous êtes corps du Christ et, chacun pour votre part, vous êtes membres de ce corps[2]. » Au sein de ce corps, nous sommes interdépendants les uns des autres. Si l'un est blessé, c'est tout le corps qui souffre. Si un autre est dans la joie, c'est toute la communauté qui se réjouit.

1. Manière de travailler en Église pour que chaque chrétien puisse être acteur des décisions, chacun à sa mesure.
2. Première lettre de saint Paul apôtre aux Corinthiens, chapitre 12, verset 27.

Avec cette nouvelle organisation – qui n'a d'ailleurs rien de nouveau puisqu'elle remonte à l'époque de Jésus lui-même –, l'Église ne se définit plus par rapport au prêtre mais par rapport à ce corps qu'est la communauté. Un changement de paradigme, une révolution, mais ce n'est pas la première que nous ayons connue.

Dans la rencontre des villageois, le prêtre se laisserait toucher par leur vie. Il écouterait, rassurerait, se réjouirait avec eux, lirait un passage de Bible, resterait à table pour échanger. Itinérant, il serait disponible et moins accaparé par l'organisation. Oui, l'idée me paraît vraiment intéressante au regard des défis que nous avons à relever. Elle mérite d'être prise au sérieux. D'autant plus que certains le font déjà. Je pense à ce prêtre de l'Ariège, qui a été appelé par son évêque pour devenir missionnaire itinérant. Comme tout voyageur qui se respecte, il a dû s'équiper en conséquence et dispose donc d'une caravane. Il se retrouve ainsi sur les routes, faisant escale pendant une semaine dans chaque village qu'il visite. Il y rencontre les fidèles, mais pas de manière exclusive. Il échange avec tous ceux qui le souhaitent, qu'ils soient chrétiens ou pas. En un mot, il évangélise par la rencontre. Pour en avoir discuté avec lui, je sais que les journées sont parfois fatigantes. Aussi alterne-t-il trois semaines vagabondes dans une certaine solitude avec une semaine de repos et de ressourcement auprès d'autres frères prêtres. Il lui faut bien sept jours pour recharger ses batteries, il le mérite. En ce qui me concerne, je me pose la question : « Suis-je prêt à vivre ce genre d'existence ? » Non, si je suis seul pour accomplir cette mission. Oui, si nous partons à deux ou trois. Oui, il faudrait s'y mettre à plusieurs. Je pourrais vivre avec beaucoup de joie ces missions itinérantes en étant accompagné d'un ou deux laïcs engagés, comme lorsque j'effectue les missions-villages. J'accepterais de perdre une part de mon confort et de ma stabilité, tant géographique que relationnelle. Le retour de disciples-missionnaires, comme l'ont été les apôtres au temps de Jésus, prouve que l'Église, même en crise, peut toujours s'appuyer sur ses fondamentaux.

Le partage peut aussi prendre d'autres formes, radicalement différentes de celles que je viens d'évoquer. Je pense à celui des richesses de notre patrimoine religieux, particulièrement de notre basilique. J'accorde beaucoup d'importance à ce projet. Nous avons confié à cinq personnes la mission d'en faire l'inventaire afin de pouvoir y organiser des visites commentées, en collaboration avec l'office de tourisme de Luxeuil. Nous souhaitons que ce lieu devienne un des endroits les plus visités de notre petite ville. C'est un endroit magnifique auquel il faut redonner la place qu'il mérite. Je veux que nous en partagions les beautés. Les gens venaient jusqu'à présent essentiellement chez nous pour les thermes, ils vont avoir une raison de plus de nous rendre visite, dans un espace où tout est fait pour s'imprégner de l'histoire patrimoniale du haut Moyen Âge. Car, comme je l'ai déjà dit, les moines, sous l'autorité des abbés saint Colomban et saint Valbert, ont fait de Luxeuil une place forte de la chrétienté, et cela dès le VI^e siècle. Entrer dans notre basilique, si belle, peut aussi permettre à certains de vivre une exceptionnelle rencontre avec Dieu. Comment ne pas penser à André Frossard, ce journaliste agnostique qui répétait haut et fort que la question de l'existence de Dieu ne se posait même plus ? En entrant dans une église pour retrouver un ami, il a pourtant vécu une subite conversion. Il a livré le récit de cette dernière dans son livre *Dieu existe, je L'ai rencontré*. Ouvrir les espaces sacrés pour y vivre une expérience du beau, que ce soit par la contemplation d'œuvres d'art ou l'écoute de musique sacrée lors d'un concert, est un moyen d'offrir un espace spirituel à celui qui passe nous rendre visite. Une visite qui peut parfois transformer une vie !

Au-delà de son patrimoine spirituel, notre doyenné possède un autre joyau sur lequel il doit aussi veiller : la magnifique nature qui le constitue et dont j'ai parlé au début de ce livre. Comment ne pas se sentir concerné par la préservation de notre si belle planète ? La question n'est pas uniquement posée à chacun d'entre nous, mais à l'Église tout entière.

# 15

## L'Église se met au vert

Habiter en Haute-Saône, département très boisé, me permet d'être en lien permanent avec la nature. Lors de mes déplacements, il m'arrive régulièrement d'arrêter la voiture pour m'accorder un moment de contemplation et savourer l'harmonie entre le Créateur et sa Création. La nature est au cœur de l'Église depuis toujours. Il n'est donc pas étonnant que celle-ci prenne au sérieux la question de l'avenir de notre planète, et pas uniquement parce que le sujet est dans l'air du temps, même si, sous l'impulsion du pape François, un nouveau pas a été franchi en 2015, avec l'encyclique *Laudato si'* – « Loué sois-Tu ». Un appel à la conversion écologique lancé dans la foulée de la fameuse COP21 de Paris.

L'Église française dans son ensemble s'en inspire largement pour mener une action résolue et défendre ce que le pape a appelé une « écologie intégrale ». Voici comment il définit notre combat : « Étant donné que tout est intimement lié, et que les problèmes actuels requièrent un regard qui tienne compte de tous les aspects de la crise mondiale, je propose à présent que nous nous arrêtions pour penser les diverses composantes d'une écologie intégrale, qui a clairement des dimensions humaines et sociales[1].» Il s'agit de poser le problème sans le résumer uniquement à la préservation de la faune, de la flore et de notre planète, mais en partant du principe que tout est lié. Autrement dit, en prenant soin de la terre, de la biodiversité, de l'émission de CO2, je prends soin de mes frères et de mes sœurs. Car nous ne sommes qu'un. Comment alors ne pas penser au *Cantique des créatures* rédigé par saint François d'Assise au XIIIe siècle :

*Loué sois-Tu, mon Seigneur, avec toutes tes créatures,*
*Spécialement messire frère Soleil,*
*Par qui Tu nous donnes le jour, la lumière ;*
*Il est beau, rayonnant d'une grande splendeur,*
*Et de toi, le Très Haut, il nous offre le symbole.*

*Loué sois-Tu, mon Seigneur,*
*Pour sœur notre mère la Terre,*
*Qui nous porte et nous nourrit,*
*Qui produit la diversité des fruits,*
*Avec les fleurs diaprées et les herbes.*

La planète nous a été offerte et il nous faut plus que jamais en prendre soin. Mais célébrer la terre sans célébrer les êtres qui l'occupent n'aboutira à rien.

1. *Laudato si'*, chapitre 4.

Aussi l'Église ne se limite-t-elle pas à une vision purement technique de l'écologie, elle défend une écologie environnementale, économique et sociale. C'est une démarche culturelle globale qui s'enracine dans le quotidien, parce que sauver la planète, c'est aussi – et peut-être avant tout – sauver la vie sur terre, sauver toutes les formes de vie. C'est ainsi que je souhaite mener ce combat.

Pour en parler concrètement et expliquer comment il s'inscrit dans le quotidien, je vais prendre l'exemple de nos jardins partagés. Une initiative directement inspirée du *Laudato si'*. J'ai demandé à mes paroissiens de lire cette encyclique et de réfléchir à ce que nous pouvions entreprendre pour y répondre à notre niveau. Un certain nombre d'idées a émergé : économie de l'eau, de l'énergie, meilleure gestion du papier... Les propositions ont ensuite été soumises à un vote, et trois ont été retenues. La première concernait l'économie de papier de nos photocopieuses ; la deuxième permettait de mieux gérer les produits d'entretien ; une autre enfin proposait la création d'un jardin partagé. Une preuve supplémentaire des vertus de la concertation. Pour accompagner ce dernier projet, j'ai mis à disposition le terrain qui se trouve derrière notre presbytère de Saint-Sauveur. Il est ouvert à tous, l'été, on y organise des repas en plein air. Ce sont les plus jeunes qui s'en sont emparés. Non seulement ils y pratiquent la culture bio, mais ils se sont mis à la permaculture. Motivés et sérieusement investis, ils se sont formés auprès d'une paroissienne qui s'était déjà lancée dans l'aventure et qui les a initiés aux rudiments de la technique. Je ne dirais pas que l'on assure, ni que la maîtrise est totale, on en est encore à une phase expérimentale, mais on avance. On a créé un compost, évidemment, un système de récupération de l'eau, un goutte-à-goutte... Jusqu'ici, nous avons récolté des pommes de terre, des tomates, du maïs, des courges, des haricots, des plantes aromatiques, quelques groseilles, fraises et framboises, et nous prenons soin de nos arbres fruitiers (cerisiers, pommiers, pruniers...). Et ce n'est qu'un début !

Mais qui dit jardin partagé dit jardin à partager. Il est rapidement apparu comme une évidence de mettre à disposition une partie de la récolte aux plus démunis. Le plaisir était double, les produits retenus étaient de qualité et seraient offerts à une population qui n'a pas souvent l'occasion de consommer des légumes frais. Notre première expérience, nous l'avons menée avec le concours des bénéficiaires des Restos du Cœur. Ils sont venus prêter main-forte à nos jeunes pour la cueillette des haricots et sont repartis avec leur petite moisson, agrémentée d'une recette pour l'accommoder. La même initiative a ensuite été renouvelée avec les pommes des nombreux jardins alentour dont les arbres étaient négligés par leurs propriétaires – ceux-ci ne pouvaient parfois tout simplement plus s'en occuper. Là encore, la cueillette a été redistribuée ou transformée en jus de pomme, agrémentant notamment le mariage de deux jeunes du groupe. Progressivement, ce jardin s'est transformé en un lieu de vie, permettant de créer du lien entre des gens qui se croisaient sans se parler. Cela permet de tout partager dans le respect de chacun. C'est cela, l'écologie intégrale.

Jean-Paul II avait conceptualisé cette manière de vivre la charité : « C'est l'heure d'une nouvelle "imagination de la charité", qui se déploierait non seulement à travers les secours prodigués avec efficacité, mais aussi dans la capacité de se faire proche, d'être solidaire de ceux qui souffrent, de manière que le geste d'aide soit ressenti non comme une aumône humiliante, mais comme un partage fraternel. Pour cela, nous devons faire en sorte que, dans toutes les communautés, les pauvres se sentent chez eux[1]. » Le partage fraternel dans notre jardin est réel, il réunit tous ces critères, car « personne n'est trop pauvre pour n'avoir rien à partager » !

Cette conviction m'habite depuis longtemps. Elle s'est toutefois accrue en 2013, lors d'un rassemblement national à Lourdes – nommé Diaconia – sur le thème de la fraternité, et avec l'accueil des migrants à Besançon. J'étais alors responsable d'une maison de jeunes chrétiens. Parmi ceux que je suivais, il y avait ce garçon de quinze ans, Steven, et cette adolescente de quatorze ans, Margareth. Tous deux avaient fui leur pays pour survivre. Un jour, ils viennent me voir et m'expliquent qu'ils n'ont plus d'endroit où dormir.

1. Jean-Paul II, *Au début du nouveau millénaire*, 2001.

Je me rends place Pasteur et découvre une cinquantaine de personnes avec leurs bagages. Hommes, femmes (parfois enceintes), enfants, tous expulsés de leur logement. Des travailleurs sociaux, des assistantes sociales et des infirmières sont à leur chevet. Nous sommes début mai, il fait encore froid et il ne semble pas y avoir de solution. Je propose rapidement d'en accueillir quelques-uns dans la grande maison du diocèse où j'habite, le temps que des solutions pérennes soient trouvées. Je dispose d'un étage avec trente lits disponibles, de grandes salles, de quoi cuisiner… Je téléphone aux jeunes de la communauté pour un soutien logistique et à mon évêque pour un soutien moral. Comme me le fait remarquer une assistante sociale, à Noël, Joseph et Marie eux aussi ont été rejetés des auberges et se sont contentés d'une simple mangeoire pour déposer leur nouveau-né. Pas de doute, avec ces pauvres gens, c'est bien Dieu lui-même qui nous appelle à une charité en action. Je garde un souvenir fort de cet épisode, avec notre procession de fortune remontant la grande rue de Besançon à la manière d'un cortège de pèlerins à la recherche d'un abri. Cette expérience restera gravée dans mon cœur, elle stimulera ma vie intérieure et celle de ma communauté durablement. « Accueillir le plus petit des hommes, c'est m'accueillir moi-même », dit en susbstance Jésus à ses disciples[1]. Pourquoi ai-je raconté cette histoire ?

1. Évangile de Jésus Christ selon Saint Matthieu, chapitre 25, verset 40 : « Amen, je vous le dis : chaque fois que vous l'avez fait à l'un de ces plus petits de mes frères, c'est à moi que vous l'avez fait. »

Parce qu'accueillir l'étranger fait partie de cette démarche d'écologie intégrale. Pour moi, le bien-être de la planète passe par celui des hommes.

En France, ces initiatives s'inscrivent dorénavant dans une dynamique d'ensemble, placée sous le label « Église verte », avec des actions de plus en plus étendues. Dans les paroisses, chacun peut le mettre en place. La première étape consiste à établir un éco-diagnostic de l'ensemble de nos bâtiments, mais aussi de nos activités et de nos habitudes. La question de l'écologie est-elle abordée dans l'ensemble de la paroisse ? Est-ce que l'on cite des références bibliques qui font appel à la question écologique au cours de nos homélies, par exemple ? Ou dans nos prières ? Le pape nous invite d'ailleurs à respecter un temps de prière début septembre pour célébrer une journée de la Création. Nous sommes aussi incités à surveiller nos assiettes à l'occasion des repas paroissiaux que nous organisons, en nous approvisionnant notamment avec des produits locaux et en évitant les matériaux non recyclables. La pratique du covoiturage ou des déplacements « verts » est fortement recommandée. Pour ma part, je suis un adepte de BlaBlaCar. Comme je me rends à Besançon une fois par semaine, je poste mon trajet, et je transporte souvent des étudiants qui font des allers-retours pour rejoindre leur université ou rentrer au bercail. Je rencontre ainsi des jeunes de tous horizons, c'est un beau moment d'échange. Et pour mes trajets plus courts, je viens d'investir dans un vélo électrique. La planète hurle sa souffrance, et à mon modeste niveau je cherche à la réduire en réduisant mon empreinte carbone. Ce qui est bon pour la planète l'est aussi pour mon corps et pour mon esprit.

Des gestes simples que chacun peut effectuer, comme réaliser sa propre lessive. Personnellement, je m'y suis déjà mis afin d'éviter les substances allergènes présentes dans de très nombreuses lessives vendues dans le commerce. Si l'idée vous séduit, en voici la recette pour deux litres de lessive : faire fondre cent grammes de savon de Marseille en copeaux dans deux litres d'eau bouillante ; lorsque le savon s'est dissous (environ après quinze minutes), laisser tiédir, ajouter deux cuillères à soupe de bicarbonate de soude et vingt gouttes d'huile essentielle pour parfumer ; bien mélanger, laisser refroidir encore vingt à trente minutes, et le tour est joué : il n'y a plus qu'à mettre en bouteille.

Toutes ces initiatives nous poussent à vivre la sobriété heureuse dont la planète a tant besoin. Une dernière chose : le label « Église verte » est porté par les chrétiens de toutes confessions, orthodoxes, protestants et catholiques. Un bel exemple d'œcuménisme qui ne s'en tient pas aux vœux pieux !

De quoi continuer à rêver d'un monde meilleur.

16

# J'ai fait un rêve

Une nuit, j'ai fait un rêve qui m'a fortement marqué parce qu'il levait un coin de voile sur le futur. Je découvrais en images ce qu'étaient devenues les communautés de mon doyenné. Je me trouvais dans une forêt peuplée de grands sapins. Je les observais, ils m'entouraient, me dominaient – mon Dieu, ce qu'ils pouvaient être grands, ce qu'ils pouvaient être beaux ! À mes yeux, ils reflétaient plus ou moins l'image de l'Église telle qu'elle est aujourd'hui, avec de magnifiques réalisations, très grandes, perchées en quelque sorte, tendues vers le ciel, mais âgées aussi – ces sapins n'étaient pas des gamins, si je puis dire. Dans notre Église, on célèbre des messes, les plus grands des sapins ; des mariages, des baptêmes, une catéchèse bien installée... L'Église comme une forêt de sapins, où règnent l'unité et la noblesse. Après avoir longuement levé la tête, j'ai ensuite regardé à mes pieds, j'ai alors distingué deux, trois brins de muguet. Je me suis dit : « C'est ça, la messe-autrement, un petit brin de muguet qui pousse. Ici, le brin de muguet des missions-villages; là, celui des après-midi miséricorde.»

Au réveil, le message de ce rêve m'a tout de suite sauté aux yeux. L'Église institutionnelle est représentée par de grands arbres toujours vivants mais qui, petit à petit, vieillissent, ou subissent la sécheresse d'une société qui ne pense qu'à consommer. Un jour ou l'autre, l'un d'entre eux va tomber. Mon travail de prêtre consiste bien sûr à prendre soin des sapins, qui sont forts mais non éternels, mais aussi à veiller sur les brins de muguet qui ne demandent qu'à pousser et qui, eux, risquent à tout moment d'être écrasés, piétinés. J'ai la conviction que l'Église d'aujourd'hui doit avancer sur ses deux jambes : d'un côté des engagements solidement ancrés depuis longtemps, de l'autre des nouveautés pleines d'espérance. J'ai raconté ce rêve à mes paroissiens. Je leur ai simplement dit : «Il existe deux bras de l'Église, l'un est ancien, l'autre est en train de naître. Des sapins vont tomber, mais des muguets vont pousser. Toutefois dix brins de muguet ne remplaceront pas un sapin.» En fait, parfois, je ne suis plus très sûr qu'il s'agissait de muguet dans mon rêve! Peut-être était-ce un cerisier ou du moins une pousse de cerisier, moins grand, moins solide que le sapin, mais pas aussi fragile que du muguet. Un arbre qui donnerait des fruits... Encore que, j'aime bien l'idée du muguet parce qu'il tient une place particulière dans une forêt. Et c'est même le détail troublant de cette histoire, le muguet n'est pas une fleur neutre dans une forêt. J'ai découvert par hasard en regardant un reportage sur Arte qu'il constitue un bon indicateur de l'ancienneté et de la naturalité des milieux forestiers. Les deux sont donc intimement liés. Ce qui revient à dire que l'Église nouvelle ne peut pas croître sans l'Église ancienne et que celle-ci doit être en bonne santé pour lui permettre de vivre. Quelle belle métaphore ! En fait, ce rêve m'a libéré, il m'a permis de comprendre où était ma place : je ne suis ni le prêtre des sapins ni celui du muguet, mais des deux. Ma mission n'est évidemment pas la même s'agissant de l'un ou de l'autre. Le muguet mérite plus d'attention, quoique cette année, dans la vallée du Breuchin dont j'aime la nature, j'aie pu constater que de nombreux sapins – des vrais cette fois – étaient morts à cause du manque d'eau. Nourrir la forêt, arroser les communautés, voilà le rôle de l'Église, venir en aide à tous et particulièrement aux plus faibles, aux plus fragiles.

Ce qui est certain, c'est que l'Église fait face à un défi sans précédent. Dans les années 1960, sur le secteur de Luxeuil, nous étions dix mille chrétiens pratiquants tous les dimanches sur quarante mille habitants. Aujourd'hui, on serait plutôt à mille pour quarante mille, soit deux et demi pour cent ! Parmi eux, on compte environ quatre cent cinquante bénévoles pour un prêtre dans chaque paroisse : on mesure la fragilité de notre écosystème. L'Église tient plus par ses bénévoles que par son clergé ! La chrétienté va-t-elle durer dans ces conditions ? Oui, sûrement, mais dans l'humilité et si elle a le sens des réalités, parce que les bénévoles vieillissent et le renouvellement n'est pas vraiment assuré.

Si j'évoque une autre image, moins champêtre, nous sommes passés du paquebot – l'Église de mon enfance, plus forte, mais déjà plus vraiment omnipotente – à une flottille de voiliers. C'est léger, un voilier. L'embarcation est certes plus en conformité avec l'air du temps, mais quelle cure d'amaigrissement ! Oui, l'Église effectue un travail de deuil, celui d'une époque révolue où elle pouvait s'enorgueillir d'une certaine puissance, d'une forme d'influence. Mais souvenons-nous que les apôtres de Jésus n'étaient que douze ! Les premiers chrétiens ne se rassemblaient pas dans des églises pouvant accueillir mille personnes, mais dans de simples maisons. Ce qui me réconforte avec la flottille de voiliers, c'est sa souplesse pour changer de direction, accéder à des criques enclavées, aller là où aucun paquebot ne peut se rendre. Le voilier est propulsé par le vent, symbole de l'Esprit Saint. L'Église doit retrouver cette vivacité, en faisant battre son cœur au sein de petites communautés fraternelles, capables de partir à la rencontre des plus isolés, poussées par la force du souffle de Dieu. Autrement dit, se conformer au *Small is beautiful*. La frugalité est plus que jamais notre avenir.

Continuons de filer la métaphore, de retour sur la terre ferme, en nous comparant à un autre secteur en crise, les supermarchés. Dans dix ans, j'imagine qu'ils n'existeront pratiquement plus et, je l'espère, on assistera à la victoire du commerce de proximité et de la production locale. De la même manière, l'Église va se décentraliser pour se maintenir au plus près de tous.

C'est pourquoi je ne me sens pas désespéré, je continue de nourrir des projets. J'en ai réalisé certains, d'autres sont en devenir, d'autres encore restent à imaginer. Je possède suffisamment de force et de foi pour m'y atteler. Je ne suis pas pour autant dans le déni, je vois clairement les difficultés qui se dressent devant moi, et il y en a beaucoup, j'en ai rapporté quelques-unes au cours de ce récit. Ces épreuves me font grandir ! Contrairement à Jean-Paul Sartre, je ne dirai pas que l'enfer c'est les autres, bien au contraire. Les autres me font avancer, réfléchir, me poussent à m'adapter. À moi de trouver le chemin pour aller vers eux.

Le jour où je quitterai mon doyenné, je pourrai me déclarer satisfait si je suis parvenu à créer ces petites communautés fraternelles. Les chrétiens possèdent tous quelque chose de bon en eux qu'ils peuvent partager, à commencer par la prière. Mon rêve sera alors réalisé.

# 17

# Le mot de la fin

À la veille de mes cinquante ans, suis-je encore un jeune prêtre ou appartiens-je déjà au vieux monde ? Cinquante est un nombre qui pourrait laisser à penser que les choses sont à moitié réalisées. Pourtant une batterie à moitié pleine est une batterie qui possède encore de l'énergie en réserve. Et moi, j'ai la chance d'avoir un chargeur de batterie intégré. Alors je ne compte pas, je dépense mon énergie. Cette image de la batterie est parlante. D'ailleurs, un grand événement d'Église, le Congrès mission 2021, communique par cette image : « Venez recharger vos batteries auprès de celui qui fait toutes choses nouvelles. »

Je continue de dévorer la vie à pleines dents parce qu'elle me rend heureux. Ma vie s'est épanouie le jour où je me suis ouvert aux autres et à Dieu. En regardant les quinquagénaires autour de moi, j'ai le sourire. Ils sont pleins de vie. Ils ont parfois fondé une famille, ont des petits-enfants, sont engagés dans une vie professionnelle pleine de succès et semblent avoir un corps qui continue de répondre présent.

De mon côté, le bonheur se vit partout, comme dans ces magnifiques paysages du pays de Luxeuil, particulièrement lorsque je les parcours à vélo.

À cinquante ans, on peut être tenté de penser à ce que nous allons laisser derrière nous. Pour ma part, rien de très palpable : pas d'enfants, pas de grandes réalisations, pas d'écrits impérissables, pas de grand miracle… Suis-je pour autant blasé, désenchanté ? En bon Franc-Comtois, je pourrais reprendre notre devise : « Comtois rends-toi ! Nenni, ma foi ! » Je reste déterminé, avec l'élan de mes vingt ans pour annoncer Jésus à temps et à contretemps. Cinquante ans, c'est aussi l'âge de la maturité, voire de la sagesse. Peut-être. En regardant mon verre à moitié plein, je le trouve rempli d'un bon vin qui va continuer à me procurer de la joie, celle d'une vie choisie et heureuse, avec son lot d'inattendus, de rencontres, une existence au cours de laquelle je pourrai continuer à contempler Dieu à travers le cœur des hommes. Ce que je leur aurai transmis, ils me l'auront rendu comme ils l'ont toujours fait.

La durée d'une vie ne compte pas. Ce qui compte, c'est la densité de l'amour reçu et partagé. Voilà ce qui est important. L'amour sous toutes ses formes.

# Remerciements

Merci à Charles Rouah, co-auteur de cet ouvrage, pour sa disponibilité et pour la qualité de notre relation de travail, alors que nous ne nous connaissions pas.

Merci à ceux qui ont pris part aux relectures fastidieuses. Par ce travail, de belles questions ont émergé ! Merci tout particulièrement :

– à mes parents, Marie-Suzanne et Pierre Bazin, pour leur don de la vie et leur accompagnement.

– à Mme Brigitte Berthet (laïque engagée dans les mouvements d'Église, et membre du conseil épiscopal entre 2015 et 2020) ;

– au père Pierre Bayerlet (prêtre d'expérience habitant au presbytère de Saint-Sauveur) ;

Merci pour leurs apports spécifiques sur certaines questions plus techniques :

– à Mme Navarro, juriste du diocèse ;

– à M. Tramaux, chancelier ;

– et à quelques autres prêtres du diocèse.

Merci pour les encouragements de bien des amis.

Merci enfin à Monseigneur Jean-Luc Bouilleret, archevêque actuel du diocèse de Besançon, et au père Éric Poinsot, vicaire général, pour leur soutien et bienveillance, ainsi qu'à Monseigneur Philippe Ballot, évêque de Chambéry, Maurienne, et Tarentaise pour ses paroles d'espérance.

## Table

Canoros
Vehit
Canentes

Imprimé en France par CPI
en mai 2021

Composition réalisée par Graphic Hainaut à Condé-sur-L'Escaut

FSC
www.fsc.org
MIXTE
Papier issu de sources responsables
FSC® C003309

L'Éditeur de cet ouvrage s'engage
pour la préservation de l'environnement
et utilise du papier issu de forêts gérées de manière responsable.

N° d'édition : 61873/01 – N° d'impression : 163816